Manfred Braun & Michael Ulrich

Signale der Hoffnung

clv

Christliche
Literatur-Verbreitung
Postfach 110135 • 33661 Bielefeld

Das Buch Signale der Hoffnung ist auch in rumänisch und ungarisch erschienen. Näheres dazu kann man auf der Homepage – www.signale-der-hoffnung.de – erfahren.

1. Auflage 2003
2. Auflage 2004
3. Auflage 2005

Postfach 110135 · 33661 Bielefeld
Internet: www.clv.de
Satz: CLV
Umschlag: Dieter Otten, Gummersbach
Druck und Bindung: Ebner & Spiegel, Ulm

ISBN 3-89397-518-7

Inhaltsverzeichnis

Auf dem Höhepunkt der Jugend kam der Absturz.
Kann das Leben manchmal grausam sein.
Lebensmut scheint immer mehr zu entweichen,
was bleibt sind Angst und Hilflosigkeit.

(Liedtext »Sommerblüte«)

Das Tor in die Freiheit!?

Es ist der 6. Oktober 1992. Das Gefängnistor der Justizvollzugsanstalt in Koblenz schließt sich hinter mir. Eine Woche nach meinem 25. Geburtstag bin ich endlich wieder in Freiheit. Endlich? Wenn ich es genau bedenke, ist es ein kleines Wunder, dass ich schon wieder auf freiem Fuß bin!

Am 11. Juni 1992 hatte mich das Amtsgericht Bad Neuenahr-Ahrweiler wegen Einbruchsdiebstahl und anderer Delikte zu einer Gesamtfreiheitsstrafe von einem Jahr und sechs Monaten verurteilt.

Doch das war leider noch nicht alles. Aus zwei früheren Verfahren hatte ich noch Reststrafen, die zur Bewährung ausgesetzt waren. Durch einen Bewährungswiderruf sollte ich diese Strafen nun auch noch verbüßen, so dass ich mich innerlich auf einen längeren Gefängnisaufenthalt einstellen musste. Zwar hatte ich beim Landgericht in Koblenz Revision eingelegt und somit die Rechtskraft des Urteils vorerst verhindert, doch konnte ich nicht damit rechnen, dass diese Aktion von Erfolg gekrönt sein würde. Ganz im Gegenteil. Sowohl mein

Rechtsanwalt, als auch der Bewährungshelfer hatten mir dringend davon abgeraten. »Das kostet nur unnötig Zeit und Geld!« – war ihre einhellige Meinung.

Um so überraschender kam für mich diese Wende: »Herr Rihm, kommen Sie auf das Geschäftszimmer«, klang es durch den Lautsprecher. Der Direktor empfing mich persönlich und teilte mir mit: »Herr Rihm, Sie werden entlassen.« Dass meinem Revisionsantrag stattgegeben wurde und ich bis zu einer neuen Verhandlung auf freiem Fuß bleiben durfte, war eine unglaubliche Überraschung. Doch da stand es schwarz auf weiß:

»Der Angeklagte ist als Drogenkonsument labil und verfügt über keine beruflichen Bindungen. Insoweit besteht weiterhin Gefahr, dass der Angeklagte in der Drogenszene untertaucht und sich dadurch dem Verfahren entzieht. Andererseits ist die Straferwartung insgesamt für den hafterfahrenen Angeklagten nicht so gravierend, dass allein der Vollzug der Untersuchungshaft die Durchführung des Verfahrens sichert.«

Auch auf Piko und Rolf, mit denen ich die Zelle teilte, wirkte die Nachricht von meiner überraschenden Freilassung wie ein Schock. Jeder von uns kannte die Geschichte des anderen. Alle wussten, dass ich noch einiges abzusitzen hatte. Vorgespielte Mitfreude konnte ihr Unverständnis und ihren Neid nicht überdecken.

Und nun steh ich auf einmal draußen – von einem Tag auf den anderen. Wohin soll ich nun gehen? Wen soll ich anrufen? Soll ich zurück zu meiner Familie? Nein, nur das nicht. Nach acht Jahren in der organisierten Kriminalität bin ich für meine Familie gestorben. »Der hat so viel Schande über die Familie gebracht, mit dem wollen wir nichts mehr zu tun haben«, klingen immer noch die Worte meines Vaters in meinen Ohren. Nur ein Mensch aus meiner Familie hatte mich noch nicht ganz abgeschrieben, hatte den Kontakt zu mir aufrecht erhalten. Das war meine Zwillingsschwester Roswitha. Sie hatte mich im Gefängnis immer wieder besucht, mir immer wieder Briefe geschrieben. Ich war ihr nicht egal. Für sie war ich nicht gestorben, sie kämpfte um mich. Hatten wir doch als Kinder das gleiche Schicksal erlebt. Ein Schicksal, das mein Leben veränderte und mich aus der geordneten Bahn warf...

Mit meiner Schwester und zwei Brüdern bin ich in Köln aufgewachsen. Mein Vater war Direktor bei einem großen Chemie-Unternehmen. Er war geschäftlich viel unterwegs und hatte nur wenig Zeit für die Familie. Sein gutes Einkommen sicherte uns einen gehobenen Lebensstandard. Ein Haus in Spanien gehörte ebenso dazu wie ein Haus in der Eifel.

Auf unserer Steuerkarte stand römisch-katholisch, aber in die Kirche gingen wir nur selten. Als ich 14 Jahre alt war, erkrankte mein 19-jähriger Bruder Hubert plötzlich an einer schlimmen Virus-Infektion. In dieser Situation sagte mein Vater zu uns: »Jetzt hilft nur noch beten!« Wir setzten uns alle ins Auto. Es war Abend. Unser Vater fuhr zu der Kirche in unserem Stadtteil Ossendorf. Die Eingangstür der Kirche war verschlossen. Er fuhr weiter nach Ehrenfeld zur nächsten Kirche. Doch auch hier fanden wir keinen Einlass.

In dieser Nacht starb mein Bruder. Mein Herz war voller Anklagen gegen Gott: »Gott, warum hast Du das zugelassen? Warum lässt Du den Menschen, den ich so sehr liebe, sterben?« Meine Mutter geriet in eine schwere psychische Krise. War Hubert doch ihr erstes Kind. Sie wurde depressiv. Ich sah sie nur noch in schwarzen Kleidern herumlaufen. Oft musste sie weinen. Ständig war sie zur Behandlung bei irgend einem Arzt, Psychiater oder in einer Klinik.

Ohne meine Mutter fuhr mein Vater mit uns Kindern in unser Ferienhaus nach Spanien. Nach einigen Tagen wurden wir über Radio gesucht. Die Ahnung, dass etwas Schreckliches passiert sein musste, wurde schnell zur Gewissheit. Meine Mutter hatte sich von einem Kölner Hochhaus in den Tod gestürzt. Noch hatte ich den Tod von Hubert nicht überwunden, da traf mich dieser Schicksalsschlag innerhalb so kurzer Zeit völlig unerwartet. Ohnmächtig stand ich der Endgültigkeit des Todes gegenüber – durch die Verzweiflungstat meiner Mutter nun schon ein zweites Mal. Alles war auf einmal anders. Nie mehr würden wir eine glückliche Familie sein können. Wieder waren laute Anklagen gegen Gott in meinem Herzen. Was ist das für ein Gott, der so etwas zulässt? Mit diesem Gott wollte ich ein für alle Mal nichts mehr zu tun haben.

Durch den Selbstmord meiner Mutter wurde ich völlig aus der Bahn geworfen und mein Leben veränderte sich total. Kurze Zeit nach ihrer Beerdigung stellte uns unser Vater eines morgens beim Frühstück seine neue Freundin vor. »Das ist Renate, ihr könnt Mama zu ihr sagen.« Doch Renate lag überhaupt nicht auf meiner Wellenlänge. Ärger und Lieblosigkeit waren zu Hause nun an der Tagesordnung. So suchte ich Ersatz für mein zerstörtes Familienleben.

Ich fand ihn in einer Jugendgang im Jugendzentrum »Offene Tür« in Köln. Hier lag die kriminelle Keimzelle für mein späteres Leben. Mit unserer Bande von 30 bis 40 Jugendlichen im Alter von 14 bis 20 Jahren deckten wir das gesamte Feld der Kleinkriminalität ab. Wir überfielen andere Jugendclubs und Jugendliche, nahmen ihnen Geld, Uhren und Jacken ab. Oft waren diese Überfälle mit Körperverletzungen verbunden. Einbrüche in Sportgeschäfte und Autos, sowie kleinere Drogendelikte gehörten zum Alltag. Als der Stress zu Hause immer größer wurde, suchte ich mit 16 ½ Jahren eine eigene Wohnung. Mein Vater musste für mich den Mietvertrag unterschreiben und für alles bürgen. Damit war für ihn das Thema »Jupp« erledigt, und für mich war das Thema »Familie« abgehakt.

Endlich stand ich auf eigenen Füßen und konnte tun und lassen was ich wollte. Endlich allein! Allein? Ich hatte ja noch meinen Freund – und der war genauso ein »schwarzes Schaf« der Familie wie ich. Josef war zwar doppelt so alt wie ich, aber ich sah in ihm mein ganz großes Vorbild. Er war ein gestandener Mann. Zu ihm konnte ich aufsehen. Er verdiente sein Geld als Zuhälter, war mit Schmuck behangen wie ein Weihnachtsbaum, trug eine Rollex-Uhr und fuhr ein dickes Auto. Er hatte ein sicheres Auftreten und konnte richtig austeilen. Alle hatten Respekt vor ihm. Er schleppte mich mit und führte mich ins Rotlicht-Milieu ein. Eine phantastische Welt für einen 16-Jährigen. So zu leben – toll. Das ganze Ambiente faszinierte mich ebenso wie die Tatsache, auf einfache Art und Weise das schnelle Geld zu verdienen. Gewinnspannen von 200 bis 500 Prozent bei dem Absatz von Haschisch, Heroin und Kokain reizten mich. Ich entschied mich ganz bewusst dafür, so zu leben. Ich wollte – so wie mein Freund – eine kriminelle Karriere machen.

So kam es, dass ich viele Jahre mit Hehlerei, Zuhälterei, Waffen- und Drogenhandel meinen Lebensunterhalt verdiente. Ab und zu Polizeikontakt zu haben, verhaftet zu werden und für einige Zeit ins Gefängnis zu kommen, hatte ich fest mit einkalkuliert. Mit der Zeit gehörte es für mich zur Normalität. Es schadete meiner kriminellen Karriere jedenfalls nicht so sehr, wie die Tatsache, dass ich selbst Drogen konsumierte.

Ich wurde von meinen eigenen Drogen »high«. Wie jeder Drogenkonsument, dachte ich am Anfang, ich hätte alles fest im Griff und könnte jederzeit aufhören. Doch im Jahre 1990 nahm ich zum ersten Mal Heroin. Mein erster Heroinrausch weckte unglaubliche Gefühle in mir. Natürlich wollte ich dieses angenehme Erlebnis wiederholen. Heroin gehört zu den Drogen, bei denen es kein Probierstadium gibt. Schon die erste Spritze war der Beginn der Sucht, von der ich aus eigener Kraft nicht mehr loskam. Nach kurzer Zeit war ich hochgradig abhängig. Fast täglich konsumierte ich bis zu 3 ½ Gramm dieser Droge. Oft hatte ich nur noch eine eingeschränkte Wahrnehmung und dämmerte vor mich hin. Hatte ich in früheren Zeiten stets darauf geachtet, dass in meiner Wohnung nur gedealt, aber nicht konsumiert wurde, war mir durch meine starke Abhängigkeit mit der Zeit fast alles egal. Ich stellte meine Wohnung für wilde Drogenpartys zur Verfügung.

Während einer dieser Partys, als alle von Koks und Heroin high waren, hatte ich eine geniale Idee. Ich wollte meinen Gästen die Durchschlagskraft meines neuen Maschinengewehres demonstrieren. Die Waffe hatte ich von einem insolventen Kleindealer bekommen. Zwei dicke Telefonbücher wurden auf das Sofa gestellt und der Schalldämpfer aufgeschraubt. Dann drückte ich ab. Wir waren uns einig, dass es trotz Schalldämpfer ein sehr lauter Knall war. Die Party ging weiter. Plötzlich kam unter dem Sofa eine Wasserlache zum Vorschein. Die Kugel hatte nicht nur die Telefonbücher und das Sofa, sondern auch die Heizung durchschlagen. Ich war auf einmal wieder hell wach. Die Angst, entdeckt zu werden, ließ mein Hirn auf Hochtouren arbeiten. Sofort rief ich einen drogenabhängigen Installateur an. Noch in derselben Nacht kam er, klemmte den Heizkörper ab, schweißte ihn auf dem Balkon, baute ihn wieder ein und überpinselte ihn mit weißer Farbe. Für diesen Freundschaftsdienst wurde er von mir mit Drogen belohnt.

Auch im Knast hatte ich angefangen zu dealen, um meinen eigenen Drogenkonsum finanzieren zu können. Dieser war im Gefängnis noch größer als draußen. Darum musste ich auch hier Geld verdienen.

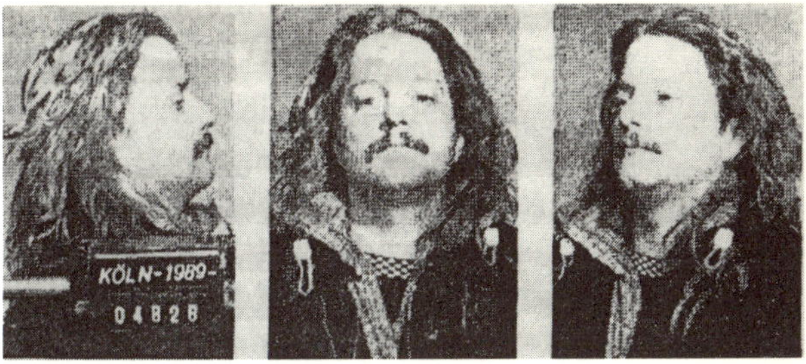

Jupp Rihm, Polizeifoto von 1989, Köln

So machte ich mir Gedanken darüber, wie ich in großen Mengen Drogen in den Knast schmuggeln könnte. Man wird auf eine kriminelle Art erfinderisch, wenn man im Bann des Bösen ist. Es hört nie auf. Auch im Knast war das nicht anders. Manchmal war es ein Kinderspiel, Drogen in den Sicherheitstrakt zu schmuggeln. Einmal war es ein mit Drogen gefüllter Tennisball, der über die Gefängnismauer geworfen wurde, einmal ein für einen Häftling bestimmtes Radio, das ihm gute Freunde auf Antrag zukommen ließen. Solche Radios landeten zuerst in der Bibliothek. Hier war ich Mitarbeiter und somit bekam ich alle Radios zuerst in die Hände. Ich hatte die Aufgabe die Waren, die von draußen kamen, auszupacken. Als pflichtbewusster Mitarbeiter tat ich noch mehr. Mit einem kleinen Schraubenzieher war ein Radio schnell geöffnet und die heiße Ware wurde entnommen. Das Radio gab ich danach direkt an den Kontrolleur weiter.

An Abnehmern für meinen Stoff mangelte es im Gefängnis nicht. Ganz im Gegenteil, es wurden sogar bessere Preise gezahlt als draußen. Die Justizbeamten merkten nur am Zustand der Insassen, dass Drogen im Umlauf waren. Die meisten Durchsuchungen blieben für sie aber ohne Erfolg.

Doch etwas, was ich hier in der Haftanstalt erlebt hatte, wollte meine Gedanken nicht mehr loslassen. Es hatte sich tief in mein Unterbewusstsein eingeprägt. Ich versuchte dagegen anzukämpfen, aber es war vergeblich. Eigentlich hatte alles ganz harmlos angefangen. Ich ging in der Haftanstalt in einen Gottesdienst, um Drogen zu tauschen. Das Gottesdienstprogramm rauschte an mir vorbei. Ich hatte absolut kein Interesse daran. Ich weiß nicht einmal mehr, worüber überhaupt gepredigt wurde. Doch die jungen Leute vom Chor habe ich noch vor Augen und das Lied, das sie gesungen haben, klingt mir immer noch im Ohr:

Mag sein, du kannst es nicht versteh´n
und trotzdem und trotzdem ist es wahr,
es ist am Kreuz für dich gescheh´n,
für dich und mich auf Golgatha.

Dieses Lied war auf einmal in meinem Kopf drin, wie ein Ohrwurm, wie ein Karnevalsschlager. Es war abgespeichert, und ich bekam es nicht mehr heraus. Ich ging wieder in meine Zelle und sang das

Lied. Während ich sonst oft »Einzelzimmerservice« genoss, saß ich hier in Koblenz auf einer 4-Mann-Bude. Als Erster reagierte Piko: »Mensch, Jupp, was singst Du da für eine Scheiße? Bist Du völlig abgedreht?« Da wurde mir erst klar, dass ich ein frommes Lied trällerte. Ich, der langhaarige, coole Typ – und dann so eine Schwäche. Doch das Lied war fest abgespeichert. Abends im Bett ging mir noch einmal durch den Kopf, dass die jungen Leute zu einem Bibelgesprächskreis eingeladen hatten. Jeden Mittwoch kämen sie, um sich mit uns Knackies zu einer so genannten Kontaktgruppe zu treffen. Warum sollte ich mich nicht auch einmal zu solch einem Kreis anmelden? Etwas Abwechslung konnte in dieser Eintönigkeit nicht schaden. Spontan meldete ich mich am nächsten Tag an.

Daraufhin bekam ich Besuch von der Pfarrerin. Sowohl sie, als auch der Haftrichter mussten ihre Zustimmung geben, dass ich an diesem Bibelgesprächskreis teilnehmen konnte. Die Pfarrerin kannte mich gut. Sie sagte: »Herr Rihm, das ist nichts für Sie. Die sind zu extrem. Ich wollte nur noch einmal mit Ihnen darüber reden. Gehen Sie besser nicht dorthin.« Das war natürlich ein zusätzlicher Ansporn für mich, die Kontaktgruppe zu besuchen. Nun wollte ich erst recht zu diesem Kreis gehen. Aber keiner sollte erfahren, wie es in mir aussah. Keiner sollte merken, wie schlecht es mir eigentlich ging, und dass ich tatsächlich etwas von

Gott hören wollte, den ich ja eigentlich hasste. Nach außen wollte ich meine Fassade aufrecht erhalten, wollte weiterhin cool wirken.

»Jetzt geh ich mal richtig die Christen aufmischen, mal ein bisschen diskutieren und sie mal so richtig gegen die Wand laufen lassen!«, waren meine Argumente, die ich meinen Kumpels als Ausrede lieferte. Und so schlecht fand ich die Idee auch gar nicht, die Christen mal so richtig zu provozieren!

Schon bald ging ich regelmäßig zu diesem Gesprächskreis und wurde zum Schrecken aller Kontaktgruppen-Besucher. Hatte ich doch immer eine ganze Woche Zeit, mich sorgfältig auf diesen Abend vorzubereiten. Ich bombardierte diese Christen mit Fragen über Evolution und Schöpfung, Religionen und Sekten und vieles mehr. An Antworten war ich weniger interessiert, als daran, den Raum als Sieger zu verlassen. Oft merkte ich schon beim Betreten des Raumes, dass niemand mehr neben mir sitzen wollte. Hatten sie schon so schnell die Nase voll von mir? War ich ihnen einfach zu überlegen? Eigentlich waren sie ganz nett – vielleicht etwas naiv.

Ein Mann mittleren Alters hatte besonders oft das Pech, neben mir sitzen zu müssen. Er tat mir schon fast leid. Es war gemein von mir, wie ich ihn systematisch fertig machte, bis er einfach nicht mehr weiter wusste. »Jupp«, sagte er dann entnervt,

»ich weiß nicht mehr weiter. Ich kann nicht mehr mit Dir diskutieren, Ende, aus! Aber eins weiß ich: Jesus Christus liebt auch Dich. Er hat keine hoffnungslosen Fälle. Ich kann meine Hoffnung aufgeben, aber er liebt Dich trotzdem!«

Ich hab ihn nur ausgelacht. Diese Botschaft wollte ich nicht an mich herankommen lassen, doch ausweichen konnte ich ihr auch nicht mehr. Innerlich trafen mich diese Worte wie ein Hammer. Es war eine ganz simple Botschaft, einfache Worte: Jesus Christus liebt dich, auch wenn du ihn ablehnst. Seine Liebe gilt auch dir. Ich ging mit dieser Botschaft im Kopf wieder auf meine Zelle und dachte über diesen Mann nach. Er kam Woche für Woche den weiten Weg von Breitscheid im Westerwald nach Koblenz gefahren, um sich von mir verhöhnen zu lassen und mir von der Liebe Gottes zu erzählen. Wie einfach war diese Botschaft von der Liebe Jesu, die mich in ihren Bann gezogen hatte.

Mittlerweile hatte ich schon angefangen, in meiner Zelle in der Bibel zu lesen. Um Fehler zu finden und besser diskutieren zu können, hatte ich zu den anderen gesagt. Man muss schließlich informiert sein. Doch das Lesen in der Bibel und die Gespräche in der Kontaktgruppe hatten bereits Spuren in meinem Leben hinterlassen.

Das wurde mir gerade jetzt so deutlich, als sich das

Gefängnistor der Haftanstalt Koblenz hinter mir geschlossen hatte. Stand ich am Scheideweg meines Lebens? Sollte ich die Sache mit Gott an den Nagel hängen und zurück nach Köln ins Milieu gehen? Sollte ich einen der Leute aus Breitscheid anrufen? Sie hatten es mehrfach angeboten, uns mit Rat und Tat zur Seite zu stehen, wenn wir wieder auf freiem Fuß wären. Wohngemeinschaften ständen für jeden zur Verfügung, der bereit wäre, sein Leben zu ändern. Ihr Angebot war ernst gemeint. Allerdings ließen sie auch über ihre Bedingungen keinen Zweifel aufkommen: Keine Drogen, kein Alkohol, keine Zigaretten, kein Sex. Auch wenn der Wunsch in mir vorhanden war, mein Leben ein Stück weit zu verändern, waren diese überzogenen Forderungen für mich keine echte Alternative.

Und so stehe ich am 6. Oktober 1992 vor dem Gefängnistor der Justizvollzugsanstalt in Koblenz und muss mich entscheiden. Zu meiner Familie kann ich nicht, und zu den Christen will ich nicht. Also bleibt nur der Weg zurück ins Milieu. Hier habe ich meine Freunde und Freundinnen, hier kann ich unterkommen, aber hier werde ich auch schnell wieder in meinem alten Trott sein. Doch etwas hat sich verändert. Drogen und Sex können mein kaputtes Herz nicht mehr befriedigen. Alles ist nur aufgesetzte Freude. Selbst in meiner Stammkneipe fühle ich mich plötzlich nicht mehr wohl. Sind hier wirklich meine Freunde? Habe ich überhaupt Freunde?

Oft halte ich mich nun auch im Raum Gummersbach auf, wo ich einige Drogenkontakte, eine Freundin und eine Drogenverkaufsstelle habe.

Gerade wenige Wochen in Freiheit, werde ich in der Nähe von Gummersbach erneut von der Polizei verhaftet. Mit den mir zur Last gelegten Straftaten habe ich allerdings nicht das Geringste zu tun, und so bin ich schnell wieder auf freiem Fuß. Einen Tag später steht die Polizei schon wieder vor meiner Tür. In einem Nachbardorf ist ein junger Mann an einer Überdosis gestorben, und ich werde routinemäßig dazu befragt. Mir ist auf einmal klar: »Du stehst immer wieder mit einem Fuß im Gefängnis, egal ob du in Köln, Frankfurt oder Gummersbach bist!« Ich befinde mich in einer anhaltenden Lebenskrise. Ich bin frei und doch gebunden. Ich habe Sex, jedoch ohne Liebe. Ich konsumiere Drogen, die mich für wenige Stunden glücklich machen, danach erscheint mir mein Leben in einem noch schrecklicheren Zustand. Innerlich leer und ausgebrannt, fühle ich mich von Gott und der Welt verlassen. Gibt es einen Ausweg für mein verkorkstes Leben?

Wieder fällt mir das Angebot dieser Gruppe aus Breitscheid ein: »Für jeden, der sein Leben verändern möchte, stehen Wohngemeinschaften zur Verfügung!« In mir kämpfen zwei Welten. Soll ich dieses Angebot annehmen? Soll ich um Hilfe bitten? Dies bedeutet für mich, Schwächen einzugestehen und Entscheidungen mit weitreichenden Konsequenzen für mein Leben zu treffen. Ihre Bedingungen (Verzicht auf Drogen, Sex, Alkohol und Zigaretten) erscheinen mir schlimmer als der Knast. Wie kaputt bist du, dass du dieses Angebot freiwillig annehmen willst?

Es ist der 8. März 1993. Ich greife zum Telefonhörer und wähle die Nummer von Hartmut, einem ehrenamtlichen Mitarbeiter der Gefährdetenhilfe Breitscheid. Dass dieses kurze Telefongespräch mein Leben radikal verändern wird, kann ich nicht ahnen. Wenige Stunden später sitze ich im Wohnzimmer einer großen Familie beim Abendessen. »Thank you Lord for giving us food«, singen sie aus voller Kehle, und danach wird gebetet. Das ist mir doch etwas zu extrem, und mich bewegen die ersten Abwanderungsgedanken. Doch es soll noch schlimmer kommen. Spät am Abend muss ich noch einmal zur Toilette. Der Weg führt die Treppe hinunter am Wohnzimmer vorbei. Ein Blick ins Wohnzimmer bringt das Blut in meinen Adern zum Kochen. Etwa zehn Personen liegen dort auf ihren Knien und beten zu Gott für meine Rettung. Ein Schauer läuft mir über den Rücken. Doch schnell habe ich meine Fassung wieder und nutze die peinliche Situation, um sie zu provozieren und zu verspotten. »Na, habt ihr jetzt alle Gebetsmühlen angeworfen, um die Seele von Jupp zu retten? Wenn ich beten könnte, würde ich auch für euch beten.«

Ich bleibe zwar in der Wohngemeinschaft, ohne jedoch meinen Widerstand gegen Gott und alles Fromme aufzugeben. War es nicht Gott selbst, der an meinem verpfuschten Leben schuld war? Hatte nicht er es zugelassen, dass mein Bruder und meine Mutter starben? Hat er mir damit nicht selbst den Boden unter den Füßen weggezogen? Dafür hasse ich ihn noch heute! Es gibt keinen Grund, dass sich daran etwas ändern soll. Über diesen Schatten kann und will ich nicht springen.

Da ich aber täglich diesem Einfluss ausgesetzt bin, ist es nicht einfach, zu widerstehen. Schon morgens vor der Arbeit wird in der Bibel gelesen und gebetet. Mit der Zeit fällt es mir immer schwerer, meinen Widerstand aufrecht zu erhalten. Die Liebe dieser Christen, mit denen ich hier zusammenlebe, lässt mich auf Dauer nicht unbeeindruckt. Hängt es vielleicht mit ihren Gebeten und ihrer Fürsorge zusammen, dass ich vom ersten Tag an weder Entzugserscheinungen habe, noch das Verlangen nach Drogen verspüre? Für mich ist es eine Sache, die ich mit meinem Verstand nicht erklären kann. Beim Bibellesen wird mir immer klarer, dass jedes Wort in diesem Buch wahr sein muss. Dies ist für mich eine Erfahrung, die mich keineswegs erfreut. Denn oft sehe ich durch die Worte der Bibel mein Leben wie in einem Spiegel. Dieses Buch redet von mir und meinen Sünden. Immer mehr wird mir bewusst, was ich durch mein Leben angerichtet habe. Wie viele

Menschen habe ich durch meine Drogen zugrunde gerichtet. Wie viele Menschen habe ich bestohlen, belogen und enttäuscht. Wie vielen Menschen habe ich durch Körperverletzung Schaden zugefügt. Doch am meisten belastet mich jetzt, was ich den Frauen als Zuhälter angetan habe. Mein Gewissen meldet sich und fängt an zu rumoren. Auf einmal habe ich eine tiefe Sündenerkenntnis.

Ich denke an »Medi«. Als ich 17 Jahre alt war, lernte ich sie kennen. Sie kam aus einer milieugeschädigten Familie, war zehn Jahre älter als ich und sehr anhänglich. Schnell gelang es mir, aus dieser Anhänglichkeit eine Abhängigkeit werden zu lassen, die ich schamlos ausnutzte. Fast täglich schickte ich sie auf den Strich. Auf Mark und Pfennig lieferte sie ihre Einnahmen bei mir ab. Manchmal waren es bis zu 25.000,- DM im Monat. In Kneipen, beim Karten spielen und mit falschen Freunden verschleuderte ich das Geld. Doch nicht nur dieses Geld gab ich aus, sondern auch das Geld aus Einbrüchen, Waffen- und Drogengeschäften. Selbst von dem Erbe meiner Mutter, das mir mit dem 18. Lebensjahr ausgezahlt wurde, blieb nichts übrig. Ich hatte es verprasst – wie der verlorene Sohn in der Bibel, im Lukas-Evangelium, Kapitel 15.

Immer neue Schuld aus der Vergangenheit kommt in mein Bewusstsein. Tag für Tag liegen diese Dinge schwer auf meinem Herzen. Nachts weine ich heimlich über meine Schuld. Manchmal denke ich, ich würde wahnsinnig werden und im Irrenhaus landen. Selbstmordgedanken beschäftigen mich. Ist das der Ausweg?

Etwa drei Monate dauert dieser Zerbruch. Immer wieder wird in der Wohngemeinschaft und im Gottesdienst für mich gebetet. Täglich merke ich, wie Gott mich ruft. Sollen die Bibelverse aus Hesekiel 36, 26 und 27 auch in meinem Leben noch Wirklichkeit werden können?

»Ich will euch ein anderes Herz und einen neuen Geist geben. Ich nehme das versteinerte Herz aus eurer Brust und gebe euch ein lebendiges Herz. Mit meinem Geist erfülle ich euch, damit ihr nach meinen Weisungen lebt, meine Gebote achtet und sie befolgt.«

Doch ist es dazu nicht viel zu spät? Eines Abends kommt es mir vor, als würde Gottes Langmut mit mir nun zu Ende gehen. Hat er nicht lange genug gerufen? Ich weiß in diesem Moment: Jetzt ist meine letzte Chance für eine Entscheidung! Ich verlasse die Wohngemeinschaft und gehe durch die dunkle Nacht. Mein Weg führt mich zu dem Haus von Rainer, einem Mitarbeiter der Gefährdetenhilfe. Heulend und schluchzend stehe ich vor seiner Tür und drücke den Klingelknopf. In seinem Wohnzimmer bekenne ich meine Schuld vor Gott. Wir knien nieder und beten und ich nehme Jesus Christus in mein Leben auf. Nachdem wir von den Knien aufgestanden sind, habe ich tiefen Frieden in meinem Herzen und Tränen der Freude in meinen Augen. Jesus Christus hat die Verantwortung für mein Leben übernommen.

Getrost sehe ich nun auch meiner Revisionsverhandlung vor dem Oberlandesgericht in Koblenz entgegen. Alle alten Urteile gegen mich sind aufgehoben worden und stehen zur Neuverhandlung an. In einem Brief teile ich dem Gericht vorab die Veränderungen in meinem Leben mit, sowie die Bereitschaft, alle von mir begangenen Verbrechen aufzudecken. Die Worte mit denen der Vorsitzende Richter die Verhandlung eröffnet, sind nicht nur für mich überraschend: »Was wird im Himmel eine Freude sein über diesen einen Sünder, der Buße getan hat.« Welche Gnade Gottes (und auch des weltlichen Gerichtes), dass ich auf freiem Fuß bleiben darf.

Seitdem sind einige Jahre vergangen. Das Leben von Jupp Rihm hat sich radikal verändert. Heute erinnert nichts mehr an seine kriminelle Vergangenheit oder an seine Drogenabhängigkeit.

Schon bald nach seiner Umkehr verliebte sich Jupp in eine junge Frau aus der Gemeinde in Breitscheid.

Seit 1994 sind die beiden verheiratet und gehen gemeinsam ihren Weg mit Jesus.

Der Einstieg ins Berufsleben gestaltete sich für Jupp anfangs sehr schwierig. Zwar hatte er als Jugendlicher einmal eine Lehre als Offsetdrucker begonnen, jedoch machte sein Lebensstil eine geregelte Arbeit unmöglich. Ein Lehrabschlusszeugnis hatte er sich, wie vieles andere in seinem Leben, auf illegalem Weg besorgt. Mit seiner kriminellen Vergangenheit und ohne vernünftige Ausbildung erhielt er auf Bewerbungen eine Absage nach der anderen. So war er schon glücklich, einen befristeten Aushilfsjob als Helfer beim Ausliefern von Möbeln zu bekommen. Dass er in diesem Möbelgeschäft bald als Verkäufer arbeiten durfte, betrachtete er als großen Vertrauensvorschuss. Heute ist Jupp Rihm selbständiger Geschäftsmann und beschäftigt sechs Mitarbeiter.

Obwohl Jupp Rihm beruflich und familiär sehr eingespannt ist, findet er immer wieder Zeit, anderen Menschen von der Liebe Jesu zu verlorenen Sündern zu erzählen. »Mein Herz brennt für Tadschikistan«, sagt er und berichtet von seinen verschiedenen Missionseinsätzen, die er immer wieder in dieses ferne Land unternimmt. Zweifellos gilt sein besonderer Einsatz den Randgruppen der Gesellschaft: »Für Jesus gibt es keine hoffnungslose Fälle!«

Diese Botschaft, die ihm einst im Gefängnis zugesprochen und die in seinem Leben Wirklichkeit wurde, sagt er jetzt anderen Menschen weiter.

»Meine Vergangenheit ist ein Chaos, ein Dreckhaufen – ich ekle mich vor mir selbst. Mir gehen immer mehr die Augen auf, und ich habe schon viel Durchblick. Ich spüre, dass Gott mein Leben führt. Noch vor einem Jahr: Kalte Mauern, kalte Erinnerungen, kalte Beziehungen. Ich steckte in der Sünde wie im tiefsten Dreck. Ich hatte nie einen Menschen mit dem ich vernünftig und offen reden konnte. Auch mit mir selbst ließ sich nicht reden. Ich hatte mich selbst tiefgefroren. Die Betonwände, Drogen, Sex, Egoismus haben mich kalt gemacht. Ich bin gefühlskalt, im Teufelskreis der Möchtegerne, Zuhälter, Nutten, Dealer – kurz Berufsverbrecher aufgewachsen. Typen, die sich nur für Geld und Frauen interessierten. Echte Freundschaft? Nie! Mir ist oft »Judas« begegnet und »Pilatus«, der seine Hände in Unschuld wusch. Ich habe viel zugeschaut, wo Menschen drauf gingen, fertig gemacht wurden. Eingemischt habe ich mich jedoch nicht. Das fand ich okay. Wir hatten unser eigenes Gesetz. Keiner macht das Maul auf. Das ist zu riskant. Gott hat mich dort herausgerissen, ich bin aus dem Milieu ausgestiegen und bei Gott eingestiegen. Ich will nicht mehr mitmachen, wenn es auf Kosten anderer geht. Abends bete ich: Gott, gib mir bitte Liebe, Gehorsam, ein sehendes Herz, Durchblick, Energie etc. für einen neuen Anfang. Lass mich erkennen was

wichtig ist, was bleibt, wenn meine Wünsche sich nicht erfüllen.«

Brief von Jupp Rihm

»Gehört jemand zu Christus, dann ist er ein neuer Mensch. Was vorher war, ist vergangen, etwas Neues hat begonnen.«

2. Korinther 5, 17

Sechs Tage im Juli

Endlich war es so weit. Meine Frau Helene und ich fuhren in unseren lang ersehnten Kurzurlaub in die Dolomiten zum Bergwandern und anschließend ein paar Tage zur Entspannung an den Gardasee. Begleitet wurden wir von Tabea, einer Arbeitskollegin von Helene. Beide hatten gerade ihre sieben Nachtwachendienste hinter sich gebracht.

Nach langer und ausgelassen fröhlicher Autofahrt kamen wir drei am 20. Juli 1999 mitten in der Nacht im Golfhotel auf dem Karerpass an, wo wir vom Hotelier äußerst freundlich erwartet und empfangen wurden. Als wir dann das herrlich schöne

Zimmer im Tiroler Stil bezogen, wurde unsere Urlaubsfreude unbändig und wir fielen uns vor Freude gegenseitig in die Arme.

Als wir morgens erwachten, begrüßte uns ein schöner, sonniger Tag. Nach Morgenwäsche, Frühstück und dem Packen der Rucksäcke für die zweitägige Wandertour im Rosengartengebiet kauften wir in einem Berggeschäft noch einen zweiten Kletterhelm und ergänzten die geliehene Ausrüstung mit Karabinerhaken und Seilen. Wir wollten allen Risiken der zum Teil anspruchsvollen Klettersteige vorbeugen!

Nun waren wir nicht mehr zu bremsen. Voller Freude und Euphorie stiegen wir vom Karerpass auf. Der Weg führte uns an beeindruckenden Lärchen und bunten Bergblumenwiesen vorbei. Verschwitzt und durstig, jedoch sehr zufrieden über unsere erste Leistung, legten wir an der Paolinahütte die erste Trinkpause ein. Mit neuer Frische wanderten wir dann den bekannten Höhenweg von der Paolinahütte zur Kölner Hütte. Ein traumhaft schöner Ausblick zum Latemar und Bozener Vorland bot sich uns und wir genossen außerdem die faszinierenden Details der Natur, welche im Wechselspiel mit uns Urlaubern hervorragende fotografische Motive darstellten. Betrachtet man die Fotografien dieses Tages, kann man auf den strahlenden Gesichtern von Helene, Tabea und mir die überglückliche Stimmung ablesen.

Damals ahnte niemand, dass dies die letzten Bilder von Helene sein sollten. An der Kölner Hütte aßen wir gemeinsam zu Mittag. Danach trennten wir uns von Tabea, die zum Karerpass zurückkehrte. Helene und ich stiegen dann in den Santner Klettersteig auf. Dass der gemeinsame Abschiedswunsch: »Bis morgen Nachmittag dann!«, nicht allen erfüllt werden sollte, hätte in diesem Augenblick niemand auch nur im Entferntesten für möglich gehalten.

Für Helene war der Klettersteig ein toller Spaß, was auch die allerletzten drei Dias beweisen, die wir machten, bevor die Batterien des kleinen Fotoapparates gänzlich versagten. Für mich war es bereits das dritte Mal, dass ich im Rosengartengebiet diese Wege wanderte, daher kannte ich mich gut aus. Vom Santnerpass aus stiegen wir zur Vajolethütte ab.

Hier bezogen wir unser Nachtquartier. Da wir durch den anstrengenden Tag sehr müde waren, suchten wir nach dem Abendbrot und einem kleinen Abendspaziergang sehr bald das Nachtlager auf. Wir tauschten uns aus, ließen den Tag nochmals Revue passieren, planten für den nächsten Tag und Helene betete. Sie dankte Gott für die Bewahrung am Tag, betete für unsere Familien, für unsere

Freunde, für die Nacht und die nächsten Tage. Nachts glich die Hütte eher einem Sägewerk als einem »Nachtruhelager« – lautes Schnarchen drang aus sämtlichen Schlafräumen durch die dünnen Bretterwände, was meiner Frau eine Nacht mit wenig Schlaf bereitete.

Am nächsten Morgen ließ uns ein erster Blick aus dem Fenster nicht weit sehen, denn die Umgebung der Hütte war in eine dicke Nebelschicht gehüllt. Wie alle anderen Gäste entschieden wir uns nach dem Frühstück zum Aufbruch. Der Nebel hatte sich inzwischen etwas gelichtet. Auf dem Weg zum Cigoladepass begrüßten uns einige Murmeltiere, und auch hier gefiel uns die Bergflora sehr gut.

Nach und nach brachen die ersten Sonnenstrahlen durch die Wolken und einige Gipfel, die zuvor noch in Wolken gehüllt waren, wurden frei. Man gewann den Eindruck, dass es wieder ein schöner Wandertag werden würde.

Es wäre tatsächlich nicht das erste Mal in meinen rund zehn Jahren Bergerfahrung gewesen, dass ich ein völliges Aufreißen der Nebelfelder erlebt hätte. Da auf dem Cigoladepass ein kühler Wind wehte, gingen wir gleich weiter Richtung Vajolonpass. An diesem Tag kreisten unsere Gespräche um die Höhen und Tiefen des Lebens. Wir zogen Vergleiche zwischen dem Wandern in den Bergen und dem Gang durch das Leben: »Ist es im Leben nicht auch so, man steht auf einem Lebensgipfel, vielleicht hat man sogar eine klare geniale Fernsicht (realistisch durchführbare Lebenspläne), doch um das nächste Ziel – den nächsten Berggipfel – zu erreichen, muss man erst absteigen, um dann mühsam wieder aufzusteigen.« Helene meinte: »Aber ein Abstieg oder ein mühsamer Aufstieg muss deshalb nicht negativ behaftet sein, denn führt er nicht auch an schönen Blumenwiesen und Lärchenwäldern vorbei?«

Ich möchte im Nachhinein ergänzen: Führen unsere Auf- und Abstiege nicht auch an Gebirgsbächen, an frischen Bergquellen vorbei, wo wir unsere Trinkvorräte wieder auffüllen können – Quellen, die wir auf den Gipfeln nicht haben? Oder führen sie nicht auch an Almen vorbei, wo wir frische Milch trinken, frischen Käse essen und unseren Proviant wieder ergänzen können? Liegen nicht auch zwischen den Gipfeln immer wieder herrliche Bergseen mit klarem Wasser, die zu einem Erfrischungsbad einladen, um den Schweiß der Anstrengung abzuwaschen?! Bei diesem Gedankenaustausch mit Helene konnte ich nicht wissen, dass mir solch ein Abstieg, ja sogar ein Absturz in ein tiefes Lebenstal bevorstand.

Ein weiterer Gedankengang, zu dem uns der Hochnebel inspirierte, war: »Vielleicht stehen wir manchmal auch auf einem Lebensgipfel, aber die Sicht ist uns durch Hochnebel und Wolken verwehrt, man versucht, sich wie durch Wolken verschleiert ein Bild von allem Möglichen zusammenzubasteln, doch weiß man noch nicht, was wirklich auf einen zukommt.« Zufällige Gedanken unmittelbar vor dem Unglück – oder zugefallen von dem Einen, der über allem steht?! Gedanken, die sich in ihrem Tiefgang später zu Abschiedsworten und sogar Trostworten Helenes formten: »... führen unsere Auf- und Abstiege nicht auch an schönen Blumenwiesen und Lärchenwäldern vorbei?« Am frühen Mittag waren wir kurz vor dem Vajolonpass angekommen. Wir hatten beide großen Hunger, so dass wir eine knappe halbe Stunde picknickten. Das war genau die Zeit, die uns später fehlte, um rechtzeitig zur sicheren Hütte zu gelangen!

Während der Mittagspause ließ der Sonnenschein nach und der Hochnebel verdichtete sich, so dass wir beschlossen, gleich abzusteigen und den Rotwandklettersteig auszulassen. Dennoch war es verlockend zu sehen, dass einige italienische Berggruppen in den Klettersteig aufstiegen. Doch ich tröstete mich mit den Worten: »Wir werden in unserem Leben noch viele gemeinsame Klettersteige machen können, und irgendwann erklimmen wir sie zusammen mit unseren eigenen Kindern.«

Während unseres Abstiegs zurück zum Karerpass wunderten wir uns, dass immer noch einige Wanderer aufstiegen, obwohl bereits die ersten Regentropfen vom Himmel fielen. Wir näherten uns mehr und mehr dem Höhenweg vom Vortag, zwischen Kölner Hütte und Paolinahütte. Der einsetzende Regen verstärkte sich zusehends. Für Helene wurde es anstrengend, da sie als Brillenträgerin den Weg nur noch verschwommen erkennen konnte.

Mittlerweile zogen von zwei Seiten dunkle Wolken auf, und Blitze zuckten vom Himmel. Blitz und Donner empfanden wir noch nicht Besorgnis erregend. Die Zeit zwischen Blitz und Donner von etwa sechs bis zehn Sekunden, (umgerechnet zwei bis drei Kilometer Gewitterentfernung) machte uns noch nicht nervös. Wir waren nur noch 20 bis 30 Minuten von der sicheren Paolinahütte mit dem Sesselliftanschluss zum Karerpass entfernt. Ich bat Helene, für das letzte Wegstück das Tempo anzugeben und vorauszugehen.

Und dann geschah es! Nach kaum 20 Schritten zuckte vor uns ein blendend heller Blitz. Er hatte Helene getroffen. Seine Auswirkung erreichte auch mich; ich war sofort bewusstlos.

Als ich nach geraumer Zeit wieder zu mir kam, glaubte ich aus einem Alptraum erwacht zu sein. War es Tag oder Nacht? Wo war Helene? Schließlich dämmerte mir in meiner Erinnerung der Augenblick des Blitzschlags. Ich wollte aufstehen und nach Helene schauen, aber die Beine versagten mir den Dienst. Was war geschehen? Meine Beine waren wie gelähmt, schwer und pelzig.

Ich dachte angestrengt nach, doch mir fiel nicht mehr ein, wie der Tag unserer Wanderung verlaufen war, wann wir geduscht hatten, Abendbrot aßen und zu Bett gegangen waren. Langsam öffneten sich meine Augen, ich nahm um mich herum hektische Schritte wahr. Ich rief nach Helene, erhielt jedoch keine Antwort. Es erschien mir wie ein böser Traum. Dann hob mich ein Mann vorsichtig vom Boden auf und ich musste sogleich erbrechen. Er drehte meinen Kopf von Helene weg und versuchte mich wieder auf meine Beine zu stellen. Doch diese waren durch den Stromstoß des Blitzes wie gelähmt. Ich sah meinen nackten linken Fuß, der Verbrennungen erlitten hatte, und den zerfetzten Bergstiefel. »Ich bin doch nirgends heruntergefallen«, dachte ich. Der Mann versuchte mir mehrmals zu erklären, dass uns ein Blitz getroffen und er bereits mit seinem Handy Hilfe gerufen hätte. »Was ist mit meiner Frau?«, erkundigte ich mich sofort. »Wir haben sie versorgt«, war die Antwort, mit der ich mich eigenartigerweise begnügte. Schon kam der Hubschrauber. Der Rettungsarzt gab mir eine Narkosespritze, und dann flog man mich zur Intensivstation nach Bozen.

Als ich wieder zu mir kam, standen Ärzte und Krankenschwestern um mein Bett, und ich hing an einigen Versorgungsschläuchen. Meine erste Frage lautete: »Wo befindet sich meine Frau und wie geht es ihr?« Man gab mir zur Antwort, dass Helene in einem anderen Haus läge. Nach weiteren bohrenden Fragen sagten mir die Ärzte – in Sorge um meine Herzwerte – dass Helene schwerstverletzt in einer anderen Klinik läge und es ihr sehr schlecht gehe. Das Gewitter tobte noch immer. Nicht nur der Himmel über Bozen war mit dunklen Wolken verhangen, sondern auch mein persönlicher Lebenshimmel trübte sich langsam ein in tiefes Schwarz. Wie ging es Helene wirklich? Wie stark waren ihre Verbrennungen? Wie hatte sie den Stromstoß des Blitzes verkraftet? Würde sie wieder völlig genesen? Würden wir uns bald wieder sehen können? Immer wieder wurde ich in meinen Gedanken abgelenkt. Meine Personalien wurden aufgenommen, Röntgenbilder erstellt und Untersuchungen durchgeführt. Ich bat das Pflegepersonal, Tabea im Hotel über unseren Unglücksfall zu informieren.

Abends kam Tabea zu mir ins Krankenhaus. Sie hatte verheulte Augen. Ich hoffte, dass sie mir mehr über den Zustand von Helene mitteilen könnte, doch vergeblich. Bei der Dienstübergabe der Ärzte am Abend fragte ich wieder nach dem Befinden meiner Frau. Dieses Mal sagte mir der Arzt, dass Helene mit schweren inneren Verbrennungen im Koma liege. Mir schoss der Gedanke durch den Kopf, dass sie selbst mir einmal gesagt hatte, es gäbe für Blitzpatienten mit schweren inneren Verletzungen wenig Überlebenschancen. Sie würden entweder sterben oder lebenslänglich Pflegefälle bleiben. Innerlich war ich sehr aufgewühlt. Lediglich die kurzen Gespräche mit der Krankenschwester, die für meine Pflege verantwortlich war, ließen es gelingen, meine quälenden Gedanken kurzzeitig zu verdrängen. In den durchwachten Stunden dieser Nacht flehte ich Gott an, meine Frau zu heilen.

Irgendwann muss ich doch noch etwas Schlaf gefunden haben und erwachte erst wieder bei der morgendlichen Visite. Mein einziger Wunsch war es, Helene zu sehen und Informationen über ihren Zustand zu erhalten. Während des Vormittages fanden erneut zahlreiche Untersuchungen statt, so dass ich erst gegen Mittag die diensthabende Ärztin der Station an mein Bett bitten konnte, um sie über den aktuellen Zustand von Helene zu befragen. Sie ging zunächst zum Tresen, wo die Telefone standen und kam nach einigen Augenblicken wieder. Sie nahm meine Hand und hielt diese fest in ihrer. Dabei schaute sie mich mit einem sehr betroffenen, traurigen Blick an und sagte bedächtig

– mit einem Tonfall, der jede Hoffnung ausklammerte: »Der Zustand Ihrer Frau ist unverändert, ihr geht es sehr, sehr schlecht.« Ich fing verzweifelt an zu weinen. Jetzt begann die Hoffnung auf eine Besserung bei Helene mehr und mehr abzubröckeln. Wenig später fragte ich die Ärztin, ob ich den Pastor meiner Kirchengemeinde anrufen könne. Doch sie wollte, dass ich bis zum Eintreffen meiner Angehörigen ruhig liegen bliebe. Die Zeiger der Uhr schienen mir fast stehen zu bleiben.

Ich machte mir viele Gedanken und große Sorgen über den Zustand von Helene. Wenn ich nur bei ihr sein könnte! Wenn mir doch nur jemand sagen würde, dass ihr Zustand sich langsam wieder besserte! Immer wieder schaute ich auf, wenn die Besuchertür der Station geöffnet wurde – wieder niemand für mich! Nach mehreren Stunden, die mir wie eine Ewigkeit vorkamen, traten zwei Krankenschwestern an mein Bett. Beide nahmen meine Hände und sagten mit eigenartig betroffener Miene, dass meine Angehörigen eingetroffen seien. Die Besuchertür wurde geöffnet. Mein Kopf fiel wie ein schwerer Bleiklotz in das Kissen zurück, als ich als Ersten den Pastor meiner Gemeinde eintreten sah. Ich ahnte sofort, welche Nachricht er mir bringen würde.

Erst über 24 Stunden nach dem Unglück zu erfahren, dass der Blitzschlag meiner allerliebsten Helene sofort das Leben genommen hatte, war (und ist) für mich ein unfassbarer Schock. Ich weinte nur noch, wollte alle Uhren der Welt zurückdrehen. Der dunkelste Moment meines Lebens war hereingebrochen!

»Oh Gott – warum??? Warum hast du Helene nach nur einem einzigen Jahr Ehe schon zu dir geholt, obwohl wir deinen göttlichen Segen gemeinsam so konkret und intensiv erleben konnten? Warum hast du, Gott, mich nicht auch von dieser Welt zu dir geholt? Warum gerade Helene, wo ich immer wieder zu ihr gesagt hatte, dass ich ohne sie nicht leben könnte? Warum lässt du das zu???« Pastor Eberhard Schütt gelang es schließlich auf eine sensible, seelsorgerliche Weise mein Herz bereit zu machen, trotz aller unbeantworteten Fragen bei Gott Zuflucht zu suchen, weil es nur bei Ihm allein wahren Trost und reales Auffangen in einer solchen Lebenslage gibt.

Wir beteten und redeten gemeinsam über Zusagen der Bibel, in denen Gott verspricht, den Schwachen, Niedergeschlagenen, Trauernden, Einsamen, Kranken, Verletzten, Witwen und Witwern nahe zu sein, sie in besonderer Weise zu segnen, sie zu tragen, wenn sie nicht mehr können, sie zu trösten, sie aufzurichten und ihnen neue Kraft zu geben. Ich verstand allerdings erst nach und nach, was diese Zusagen für mein Leben bedeuten. Einige Bibelstellen bewegen mich dabei bis zum heutigen Tag:

»Also verstummte ich und sagte kein Wort mehr. Aber das half mir auch nicht weiter, mein Schmerz wurde nur noch schlimmer. Ich fraß den Kummer in mich hinein. Je mehr ich darüber nachgrübelte, desto tiefer geriet ich in Verzweiflung. Ich konnte es nicht mehr länger aushalten – da schrie ich zu Gott: ›Herr, lass mich erkennen, wie kurz mein Leben ist und wieviel Zeit ich noch habe; wie vergänglich bin ich doch! Wie begrenzt ist das Leben, das du mir gegeben hast! Ein Nichts ist es in deinen Augen! Jeder Mensch, selbst der stärkste, ist nur ein Hauch, der vergeht – schnell wie ein Schatten verschwindet er. Sein Tun und Treiben ist viel Lärm um nichts! Er häuft sich Reichtümer an und weiß nicht, was einmal daraus wird.‹ Auf was kann ich da noch hoffen? Herr, du allein bist meine Hoffnung! … Höre mein Gebet, Herr, und achte auf meinen Hilfeschrei! Schweige nicht, wenn du mein Weinen vernimmst!«

aus Psalm 39

»Voll Zuversicht hoffte ich auf den Herrn, und er wandte sich mir zu und hörte meinen Hilfeschrei. Ich war in eine verzweifelte Lage geraten – wie jemand, der bis zum Hals in einer Grube voll Schlamm

und Kot steckt! Aber er hat mich herausgezogen und auf festen Boden gestellt. Jetzt haben meine Füße wieder sicheren Halt. Er gab mir ein neues Lied in meinen Mund, einen Lobgesang für unseren Gott. Das werden viele Leute hören, sie werden den Herrn wieder achten und ihm vertrauen. Glücklich ist, wer sein Vertrauen auf den Herrn setzt … Vor der ganzen Gemeinde erzähle ich voll Freude, dass auf deine Zusagen Verlass ist. Nichts kann mich abhalten, davon zu reden – das weißt du, Herr! Nie will ich verschweigen, wie du uns befreit hast. Vor der ganzen Gemeinde rede ich von deiner Treue und Hilfe; ich erzähle, wie ich deine Liebe und Zuverlässigkeit erfahren habe. … Aber alle, die sich dir anvertrauen, werden vor Freude jubeln! Wer dich als Retter kennt und liebt, wird immer wieder rufen: ›Groß ist der Herr!‹ Ich bin hilflos und ganz auf dich angewiesen, Herr, sorge für mich, denn du bist mein Helfer und Befreier. Mein Gott, zögere nicht länger!«

aus Psalm 40

Am Abend, an dem ich von Helenes Tod erfuhr, verschlechterte sich mein körperliches Befinden. Mein Magen begann eigenartig zu reißen. Ich war sehr dankbar, dass ich bis spät in die Nacht nicht alleine war und noch lange mit meinem Pastor reden konnte. Dank einer Beruhigungsspritze fand ich in dieser Nacht etwas Schlaf.

Am Morgen konnte ich zum Frühstück kaum etwas essen und wegen Übelkeit und Erbrechen auch fast nichts behalten. Noch am Vormittag wurde ich auf die Normalstation in ein Einzelzimmer verlegt. Inzwischen waren alle bis auf meine Eltern wieder zurück nach Deutschland gefahren. Draußen schien die Sonne. Vor dem Fenster lagen die bepflanzten Hänge in saftigem Grün. Davor konnte ich vom Bett aus gerade noch den Turm einer kleinen Kirche sehen, deren Glocken das Fortschreiten der Zeit hören ließen.

Es war ein warmer Tag, doch alles Äußere und Schöne prallte wie ein Gummiball an mir ab. Innen fühlte ich mich blank und zermürbt. Immer wieder rissen mich Fragen hin und her. Eine bleierne Last, die mich ganz und gar zu erdrücken schien, legte sich auf mein Herz. Ich sehnte mich so sehr nach Helene, nach ihrer Nähe, ihrer Ermutigung, ihrer sprühenden Lebensfreude und wusste gleichzeitig, dass ich auf dieser Erde nie wieder mit ihr zusammen sein würde. Die Gedanken daran höhlten mich regelrecht aus. Gab es für mich denn überhaupt noch einen Sinn im Leben? Würde Weiterleben nicht eine endlose Qual bedeuten? Ein Weinkrampf folgte dem anderen. Warum lebte ich noch? Warum hatte der Blitzschlag nicht auch mein Leben ausgelöscht? Ich lag in der sechsten Etage des Krankenhauses. Sollte ich nicht einfach meinem Leben ein Ende setzen – aus dem Fenster springen?

Doch in solchen Momenten spürte ich, dass starke Arme mich festhielten und trugen. Niemand sonst war im Zimmer, ich war allein und doch nicht verlassen. Ich wusste, dass es Gott selbst war, der mich festhielt. So wie sich ein Kind in den Armen der Eltern sicher, geborgen und aufgenommen weiß, so habe ich mich um ein Vielfaches realer in Gottes starken, schützenden Vaterarmen gespürt. Es war nicht ein frommer Höhenflug, sondern ein Tief, in dem der Schmerz mich hoffnungslos zu erdrücken drohte. Zu diesem Zeitpunkt wusste ich noch nicht, dass Hunderte von Christen bereits für mich und meine Familie beteten, doch ich konnte das ganz deutlich merken.

Als Trauspruch ist in unserem Ehering die Bibelstelle aus Matthäus 6, 33 eingraviert:

»Gebt nur Gott und seiner Sache den ersten Platz in eurem Leben, so wird er euch auch alles geben, was ihr nötig habt!«

Dies war das Motto unserer Ehe und des kurzen aber intensiven Lebens meiner Frau. Danach hat Helene gelebt, und sie wurde mir dabei auch immer wieder zum Vorbild. Oft hat sie mir gesagt:

»Johannes, wir bekommen von Gott täglich 24 Stunden geschenkt, dann ist es doch das Mindeste, dass wir Gott unsere Zeit, mit einem sinnvollen Lebensstil erfüllt, wieder zurückgeben.«

Gott hatte den ersten Platz im Leben von Helene, und das spürte jeder, der sie kennen lernte. In dem kurzen Leben von 26 Jahren – im Glauben und der Liebe zu Jesus Christus gelebt – hat sie nichts vom Leben verpasst, sondern war erfolgreich, eine Frau, die andere ermutigen und aufmuntern konnte.

Helene selbst betonte es immer wieder: »Ich habe keine Angst vor dem Tod, denn ich weiß, dass der himmlische Vater dann auf mich wartet!« Sie freute sich sehr darauf, einmal in seinem himmlischen Reich zu sein.

Von dem Moment an, wo ich bereit war, Gottes Plan für Helene und mich zu akzeptieren und ihm zu vertrauen, war kein verbitterter oder gar auflehnender Gedanke gegen Gott in mir.

Ich kenne den Einen, der die reale Hoffnung auf ein Leben nach dem Tod gibt – und auf ein Wiedersehen mit Helene. Ich habe die tröstliche Nähe dessen erfahren, der diesen erbitterten, unerbittlichen, unbesiegbaren Feind des Menschen – den Tod – besiegt hat. Und ich vertraue dem, der aus den

Toten auferstanden ist und lebt und jeden aufnimmt, der ihn von Herzen sucht.

»Achtet deshalb genau darauf, was ich euch jetzt sage: Wer mein Wort hört und an den glaubt, der mich gesandt hat, der wird ewig leben. Ihn wird das Todesurteil Gottes nicht treffen, denn er hat die Grenze vom Tod zum Leben schon überschritten.«

Johannes 5, 24

Hürden im Sport – Hürden im Leben

1988 gewann ich bei den Olympischen Spielen in Seoul in der Staffel über viermal 400 Meter Hürden die Bronzemedaille für Deutschland. Dies war der Höhepunkt meiner sportlichen Karriere. Es war mein großes Ziel, 1990 Europameister über 400 Meter Hürden zu werden. Doch dann kam alles anders. Eine Sprunggelenkverletzung zwang mich dazu, den Leistungssport aufzugeben. Mein Ziel, der Beste zu sein, rückte in unerreichbare Ferne …

Mein Leben war von Anfang an kein Zuckerschlecken. Auch wenn kein Sommer ist, bleibt meine Haut braun. In Ortenberg, einer Kleinstadt in Oberhessen, war ich das einzige dunkelhäutige Kind. Ich kam unehelich zur Welt und habe meinen leiblichen Vater nie kennen gelernt. Ein Kind versteht solche Dinge nicht, aber ein Kind spürt all das.

Zunächst nahm mein Stiefvater – der Vater meiner beiden älteren Geschwister – auch für mich die Vaterposition ein. Doch er starb, als ich drei oder vier Jahre alt war. Danach übernahm mein Großvater diese Rolle. Großvater war ein Sport besessener Mann und leitete die Turnerriege in Ortenberg. Er nahm mich häufig mit auf den Sportplatz. Mein sportlicher Werdegang begann bereits mit drei Jahren, da ich nicht ruhig sitzen konnte. Mit sieben Jahren habe ich an meinem ersten Waldlauf teilgenommen. Die Strecke betrug für meine damalige Altersgruppe 400 Meter. Ich konnte nicht einschätzen wie weit 400 Meter sind. Meine Konkurrenten erschienen mir hochprofessionell. Sie waren gut ausgerüstet, hatten Schuhe mit Spikes. Da ich in bescheidenen Verhältnissen aufwuchs, trug ich einfache Leinenschuhe – die billigsten, die es gab.

So stand ich da, mit Schlabberhose und Leinenschuhen – und meine Nerven flatterten auch. Doch Großvater ermutigte mich: »Wenn du das überstanden hast, darfst du dir etwas wünschen.« Ich dachte an mein Leibgericht, Hähnchen mit Pommes.

Großvater gab mir auch noch einige taktische Tipps mit auf den Weg: »Du bleibst nach dem Start an zweiter Stelle, hältst dich immer hinter dem Ersten. Du läufst ihm einfach nach, und irgendwann kommst du dann aus dem Wald. Dort stehe ich. Wenn du mich siehst, dann geb' ich dir ein Zeichen und rufe: ›Jetzt Junge!‹ Dann läufst du so schnell du kannst und überholst einfach den, der vor dir läuft.« Das hörte sich ganz einfach an. Als Kind schaust du deinen Großvater an und denkst – was er sagt, das stimmt. So hielt ich mich während des gesamten Laufes hinter dem Ersten. Das Ziel kam näher und näher. Ich suchte Großvater, und da stand er und rief: »Junge lauf!« Das tat ich und habe gewonnen. Das Tolle war, dass ich während des gesamten Laufs keinen Schmerz spürte. Erst im Ziel bemerkte ich, dass ich total erschöpft war.

Auch bei einem 7-Jährigen setzt irgendwann der Verstand ein, und so wusste ich, dass es mir nach dem nächsten Waldlauf wieder schlecht gehen würde. Dieser Gedanke beschäftigte mich von da an schon vor und während des Laufs, so dass ich nicht mehr so locker lief. Selbstverständlich konnte ich nicht jedes Rennen gewinnen, mal wurde ich Zweiter oder Dritter, dann aber auch wieder einmal Erster. Doch ich war immer nervöser als bei meinem ersten Lauf.

Mit zehn oder elf Jahren entwickelte ich den Ehrgeiz, immer zu den Besten gehören zu wollen. Dies hing auch mit meiner Hautfarbe zusammen. Zwar hatte ich es nicht so schwer wie andere schwarze Deutsche, da ich mit meiner Mutter, meinen Stiefgeschwistern und meinem Großvater ein gutes Verhältnis und auch tolle Freunde hatte. Aber dennoch können Kinder in ihrem Verhalten und ihrer Ausdrucksweise grausam sein. Vieles tat mir sehr weh und hat mich verletzt, mehr als es von den Erwachsenen wahrgenommen wurde. Ich wollte allen zeigen was ich leisten konnte, besonders denen, die meine Mutter diffamierten. Denn wenn ein schwarzes Kind, dessen Vater niemand kennt, in einer deutschen Kleinstadt zur Welt kam, so gab dies Gesprächsstoff für Jahre. Oft lag ich abends im Bett und grübelte über mein Dasein nach.

Mein Ehrgeiz beschränkte sich nicht nur auf den Sport. Während ich bis zur 6. Klasse ein durchschnittlicher Schüler war, wollte ich nun zu den Klassenbesten gehören. Es war schrecklich für mich, nicht der Beste oder Zweitbeste zu sein. Ein krankhafter Ehrgeiz hatte sich entwickelt.

Doch Sport war der rote Faden in meinem Leben. Durch Sport verschaffte ich mir in der Gesellschaft und besonders unter Kindern und Jugendlichen einen Platz.

1983 wurde ich als B-Jugendlicher über 100 und 400 Meter Hürden erstmals in die Bestenliste des Deutschen Leichtathletikverbandes aufgenommen. Ein Jahr später schlossen sich meine ersten großen nationalen Erfolge an, allerdings nicht über eine Hürdenstrecke. Mit einer Zeit von 47,49 Sekunden wurde ich bei den Deutschen Jugendmeisterschaften Dritter über 400 Meter. Viele hatten mein sportliches Talent erkannt und förderten mich. Bei meinem Verein, dem TV Gelnhausen, fand ich ideale Trainingsmöglichkeiten.

Mit ganz besonderer Spannung sah ich im Alter von 17 Jahren den 1984 stattfindenden Olympischen Spielen in Los Angeles entgegen, um sie im Fernsehen zu verfolgen. Ich war begeistert und fasziniert. Als Lionel Richie das Abschlusslied sang, begann ich zu träumen: »Irgendwann möchte ich an den Olympischen Spielen teilnehmen und bei einem Konzert von Lionel Richie dabei sein!« Mein Ehrgeiz sagte mir: Du schaffst das. Zwei Jahre später saß ich bei einem Konzert von Lionel Richie in der zweiten Reihe. Im gleichen Jahr war ich zum ersten Mal in der Männer-Nationalmannschaft und lief bei der Europameisterschaft in Stuttgart mit Harald Schmid in der Staffel. Wir gewannen die Silbermedaille. In diesem Jahr gelang mir auch der internationale Durchbruch.

Bei der Junioren-Weltmeisterschaft in Athen gewann ich mit 45,71 Sekunden die Bronzemedaille über 400 Meter. Außerdem wurde ich in jenem Jahr der schnellste Hürdenläufer der Welt in meiner Altersklasse.

So war es nicht verwunderlich, dass die American University in Washington D.C. mit einem attraktiven Stipendium lockte. Doch ich blieb in Deutschland.

Von vielen wurde ich als sportlicher Nachkömmling von Harald Schmid gesehen. Sponsoren tauchten auf mit Verträgen und vielen verlockenden Versprechungen. Audi sponserte mein Auto – Nike schloss einen sehr günstigen Ausrüstungsvertrag mit mir ab. Welch ein Gefühl – man geht als Neunzehnjähriger durch das große Nikelager und deutet nur auf die Gegenstände, die man haben möchte. Man lässt sie einpacken und fährt nach Hause. Das hinterlässt Spuren im Leben und Charakter eines jungen Menschen. Mich hat es teilweise auch verändert, obwohl ich immer versuchte, bodenständig zu bleiben.

Was Werte, Charakterbildung und Lebensziele angeht, hatten Glaube und Religion in meiner Familie zwar keine große Rolle gespielt, aber trotzdem ahnte ich schon als Kind, dass es »da oben« irgend etwas geben musste. In meinem Herzen fühlte ich, es gibt einen Gott! So habe ich abends vor dem Einschlafen für die Schule und für die Arbeit gebetet.

Durch Erfolg, Materialismus und Ehre wurden die Gedanken über Gott allerdings bald ganz verdrängt, so dass der dünne Faden, den ich als Kind zu ihm hatte, wieder abriss. Sport wurde mehr und mehr mein Lebensinhalt. Mit 19 Jahren machte ich das Abitur und begann danach ein Studium der Betriebswirtschaftslehre (BWL) an der Universität in Frankfurt am Main.

Auch während des Studiums blieb Sport der Mittelpunkt meines Lebens. Viele setzten große Hoffnungen in mich. Ich war fit, jung und gesund. Talent beeinflusst den Erfolg nur bis zu einem gewissen Punkt, und von da an muss man mit hartem Training weitermachen. Aber dazu war ich bereit. Besondere Verletzungen hatte ich nie. Es lief alles so gut. Warum sollte ich mir viel Gedanken um die Zukunft und mögliche Gefahren machen?

Die Teilnahme an den Olympischen Spielen in Seoul 1988 war die Frucht meines ehrgeizigen Trainings. Mit dem jüngsten Staffelteam gewannen wir die Bronzemedaille.

Ein weiterer Meilenstein in meiner sportlichen Karriere folgte 1989 bei den Europacup-Meisterschaften in Gateshead (GB). Bei diesen Meisterschaften startet von den besten Leichtathletik-Ländern Europas in jeder Disziplin der Beste. Ich wurde Europacup-Sieger über 400 Meter.

Doch dann zog ich mir 1990 eine Fußverletzung zu, die ich zunächst nicht weiter beachtete, da es mein Ziel war, in diesem Jahr Europameister über 400 Meter Hürden zu werden. Mit Spritzen, Tabletten und Behandlungen gelang es immer wieder, mich einigermaßen schmerzfrei zu halten. Die Spritzen linderten zwar meine Schmerzen, heilten aber nicht die Entzündung im Sprunggelenk. Ganz im Gegenteil, die Verletzung wurde chronisch. So ging ich Ende 1990 nach einer verkorksten Saison zum

Arzt. Dieser Arzt teilte mir mit: »Es gibt eine ganz geringe Chance, dass Du durch meine Behandlung irgendwann einmal wieder schmerzfrei laufen kannst, jedoch ist an Leistungssport oder gar Hochleistungssport im Moment überhaupt nicht zu denken.«

Für mich brach eine Welt zusammen. Hochleistungssport war mein Leben, meine Identität, und alles richtete sich danach aus. Auch mein Studium hatte ich mehr und mehr zurückgestellt, weil ich trainieren musste, Wettkämpfe zu bestreiten hatte, Trainingslager besuchte und in der Weltgeschichte herum flog. Wenn ich vom Training müde nach Hause kam, hatte ich keine Lust mehr auf ein trockenes BWL-Studium. Der Schock saß tief. Ich war eine Woche lang apathisch. Wie sollte ich nun mein Leben ausrichten? Wichtig war nur eines: Irgendwann einmal wieder laufen zu können. Doch meine Geduld wurde auf eine harte Probe gestellt.

Über ein Jahr lang war ich in Behandlung bei Professor Klümper. Er ist ein guter Arzt, der mir sehr geholfen hat. Für dieses Jahr sah mein Leben nun wie folgt aus: Zwei Wochen in der Klinik in Freiburg, eine Woche zu Hause; eine Woche in Freiburg, eine Woche zu Hause.

In der Klinik hatte ich von morgens 9 Uhr bis abends 20 Uhr meine Therapien, lediglich von zwei

Stunden Mittagspause unterbrochen, in denen ich schlief. Zweimal täglich bekam ich vom Arzt Spritzen, zweimal musste ich gymnastische Übungen absolvieren, zweimal Übungen mit dem Sportlehrer und zweimal trainierte ich noch für mich. Immer hatte ich nur das eine große Ziel vor Augen – irgendwann einmal wieder ganz oben zu sein. Wenn ich abends müde auf mein Zimmer ging, rief ich einen meiner Kommilitonen an, um mich nach dem Lehrstoff zu erkundigen. Denn ich wollte auch in meinem Studium zumindest ab und an einmal eine Klausur bestehen. Mein Lebensmotto lautete damals: »Hilf dir selbst, dann hilft dir Gott.«

Ich wurde wieder gesund. Die Behandlungen waren abgeschlossen, und ich versuchte erneut in das Sportgeschehen einzugreifen. Es ist sehr schwer, im Leistungssport bei Null anzufangen und wieder unter den zehn Ersten der Weltrangliste zu landen. Mein Wunschgedanke, innerhalb eines halben Jahres wieder ganz oben dabei zu sein, erwies sich als Utopie.

Vieles lief nicht nach meinen Vorstellungen und Wünschen. Im Training schmerzte mein Fuß noch immer, und im Wettkampf konnte ich nicht das zeigen, was ich zeigen wollte. Im Studium hatte ich natürlich Defizite. Die Klausuren liefen nicht so gut, manche musste ich wiederholen. Meinem Leben fehlte eine klare Ausrichtung. Langsam aber sicher machte sich eine Depression in mir breit. Sie wurde so stark, dass ich nur noch jede zweite Nacht schlafen konnte. Psychisch war ich nun derartig am Ende, dass ich oft nur in den Armen meiner Mutter einschlafen konnte – und das mit 24 Jahren! Meine bisherigen Lebensziele erwiesen sich schließlich als Bumerang. Ich wollte mit aller Gewalt wieder zu Ruhm, Ehre und Anerkennung gelangen. Doch die Situation verschlechterte sich immer mehr und schien unerträglich zu werden. Sogar von Selbstmordgedanken wurde ich befallen. So lief ich beispielsweise auf einer Brücke umher und sagte mir: »Fällst du herunter, dann fällst du halt runter.«

Wiederum suchte ich Hilfe bei einem Arzt. Beim ersten Gespräch fragte er mich: »Kennst Du Gott?« »Ja – ja klar kenne ich Gott.« Was sollte so eine Frage? »Möchtest Du Dich nicht mal etwas mehr mit Gott beschäftigen?«, bohrte er weiter. Doch ich hatte ganz andere Sorgen. »Was will ich jetzt mit Gott, Du sollst mich gesund machen!«, waren meine Gedanken. Er behandelte mich über Wochen und Monate und lud mich immer wieder in seine Gemeinde nach Frankfurt ein. Ja, ich komme schon irgendwann einmal, war gewöhnlich meine Antwort. So vergingen Wochen und Monate.

Um dem Arzt einen Gefallen zu tun und um endlich Ruhe vor seinen Fragen zu haben, entschloss ich mich dann doch, diese Gemeinde einmal zu besuchen. Schon bei meinem ersten Besuch war ich total überrascht. Es war vor allem diese Warmherzigkeit, diese liebevolle Art und Weise, mit der die Menschen miteinander umgingen. Das liebevolle Miteinander, die Herzlichkeit, dies alles beeindruckte mich sehr. »Ist das alles echt, oder sind es Schauspieler?«, fragte ich mich.

Dann hörte ich die Predigt. Sie stand unter dem Thema: »Lauf dein Rennen weiter.« Das hat irgendwie sehr gut auf mich gepasst. Konnte der Pastor wissen, dass ich gerade an diesem Sonntag kommen würde? Diese Gemeinde in Frankfurt ist verhältnismäßig groß. Zum Gottesdienst am Sonntagmorgen kommen ca. 450 Besucher und noch einmal ca. 300 Besucher zum Abendgottesdienst.

Die Predigt handelte von einer Laufbahn mit Hürden: Es gibt Hürden im Leben, die überwunden werden müssen, um ans Ziel zu gelangen. In der Predigt wurden Parallelen zwischen Sportlern und Christen aufgezeigt. Ich hörte zu und war begeistert. Zu Beginn kam mir der Gedanke, der Pastor könnte es mit der Predigt gezielt auf mich abgesehen haben.

Doch als ich die vielen Leute um mich herum sah, verwarf ich diesen Gedanken. Und doch war es Absicht. Absicht von dem, der die ganze Zeit schon nach mir Ausschau gehalten hatte. Er hat es diesem Pastor auferlegt, genau an diesem Sonntag über genau dieses Thema zu predigen. Er hat dafür gesorgt, dass ich an diesem Sonntag in die Gemeinde ging und diese Predigt hörte. Er hat es geschenkt, dass mich die Predigt mitten ins Herz traf. Am nächsten Sonntag ging ich wieder in diese Gemeinde, und danach wieder und wieder.

Nach einigen Wochen kam die Stunde der Entscheidung. Ich erkannte meine Verlorenheit und Sündhaftigkeit, kehrte um von meinen verkehrten Zielen und übergab Jesus Christus die Herrschaft über mein Leben.

In dieser Zeit habe ich auch weiterhin eisern trainiert, um wieder an die Spitze zu gelangen – um wieder ganz weit vorne in Deutschland, in Europa und in der Welt zu stehen. Der Glaube an Jesus Christus half mir dabei. Selbst während der Waldläufe dachte ich an Jesus und nahm dadurch die Gegend mit ganz anderen Augen wahr.

Mein harter Trainingsplan sagte mir: »Sieh auf den Waldweg, damit du nicht umknickst, und versuche auf jeden Fall deine Zeit einzuhalten.« Doch nun hatte ich auch Augen für die Natur, für die Schönheit in Gottes Schöpfung. Ich sah Tiere, die ich vorher nicht gesehen hatte und lief dennoch Zeiten, als hätte ich mich ausschließlich auf den Waldlauf konzentriert. Ich trug eine große Freude in mir, die ich auch anderen Menschen mitteilen wollte und konnte. In dieser Zeit begann ich auch wieder zu beten. Doch nun betete ich anders. Ich betete aus dem Herzen heraus.

Ich besorgte mir eine Bibel und las bei jeder Gelegenheit darin. Ich las im Bus und bei Wettkämpfen. Ich las in den Pausen des Vor-, Zwischen- und Endlaufes. Das Bibellesen half mir. Ich konnte mich besser konzentrieren, auch wenn ich immer noch sehr nervös war. Mit meiner Gesundheit ging es aufwärts, im Sport wurde ich wieder besser und auch an der Uni gewann ich Anschluss.

1993 kam dann eine Zeit, wo ich den Gottesdienstbesuch am Sonntag wieder einschränkte. Ich dachte: »Jetzt läuft es ja wieder, jetzt kannst du deine Zeit für Gemeinde, Jesus und Gott etwas reduzieren!« Ende des Jahres merkte ich dann aber, dass sich diese Entwicklung negativ auf mich auswirkte. Ich war in den alten Trott zurückgefallen. Egoismus, Ruhm und Ehre standen wieder im Mittelpunkt meines Lebens. Auch viele andere negative Dinge, die ich vorher ablegen konnte, hatten sich wieder eingeschlichen. Dies alles war nicht gut für mich. Und deshalb wollte ich es in dem neuen Jahr

1994 besser machen. Am 2.1.1994 ging ich wieder in die Gemeinde nach Frankfurt. Ich wollte mit Gott und Jesus wieder neu anfangen. Wiederum wurde ich von Gottes Wort angesprochen und auf den richtigen Weg zurückgebracht.

Jesus Christus und seine Maßstäbe wurden mir erneut ganz wichtig und das hatte Auswirkungen auf meinen Alltag. Ich gestaltete mein Training anders. Vor Wettkämpfen betete ich wieder. Nicht für meinen Sieg, sondern dafür, dass der Beste gewinnt. Allerdings hatte ich immer noch Probleme mit meinem Fuß. Manchmal traten schon beim Aufwärmtraining vor einem Wettkampf solche Schmerzen auf, dass ich nicht wusste, ob ich den Lauf durchstehen – ob ich überhaupt den ersten Schritt schaffen würde. Im Startloch betete ich: »Herr, lass mich bitte gesund und schmerzfrei über diese Strecke kommen.« Der Startschuss fiel, und ich hatte keine Schmerzen mehr. Ich konnte die gesamte Hürdenstrecke schmerzfrei zurücklegen. Erst 10 Meter nach dem Ziel stellten sich die Schmerzen wieder ein. Solche Erlebnisse stärkten meinen Glauben.

Mein letzter großer sportlicher Erfolg war der Sieg bei den Deutschen Meisterschaften in Erfurt im Jahre 1995. Dieser Lauf hatte eine Vorgeschichte. Allgemein galt ich als der hohe Favorit. Doch während des Aufwärmens hatte sich ein Brustwirbel verschoben. So etwas kann schnell einmal passieren. Wenn sich ein zentraler Brustwirbel verklemmt, hat man unweigerlich Probleme beim Atmen. So war es auch bei mir. Ich konnte nur noch kurz atmen. Der Lauf sollte in einer halben Stunde beginnen. Früher wäre ich in solch einer Situation wie ein aufgescheuchtes Huhn über den Warmlaufplatz gerannt und hätte nach dem besten Arzt gerufen. Doch jetzt schaute ich umher und entdeckte einen Mann, der mir von früheren Treffen der Nationalmannschaft als Physiotherapeut bekannt war. Eine innere Stimme sagte mir: »Geh zu ihm hin!« Ich sprach ihn an und erklärte meine Situation. »Setz dich!«, befahl er. Mit einigen geschickten Handgriffen brachte er alles wieder in Ordnung. Nichts tat mehr weh. Nun wusste ich, dass ich hier gewinnen würde. So kam es auch. Im Interview später sagte ich, dass ich Gott dafür danke, dass er mir die Kraft zum Laufen gegeben hatte, und dass ich Ihm dafür danke, hervorragende Trainer zu haben, welche mich auf meinem sportlichen Weg begleiten. Ganz bewusst sprach ich diese Worte, denn es war mir klar: Gott hat mich getragen – durch diesen Lauf, durch das vergangene Jahr und auch schon zuvor, als ich ihn noch gar nicht kannte. Ich ahnte, wofür die Verletzung mit dem Fuß, meine depressive Phase und die psychischen Belastungen gut waren. Das war Gottes Plan, um mich von einer gefährlichen Lebensausrichtung auf den richtigen Weg zu bringen. Es war ein beschwerlicher, harter

Weg. Aber letzten Endes war es ein guter Weg, denn er führte zum Ziel.

1995 gab es dann noch ein neues Problem - ich hatte eine weitere Verletzung: Ein Knorpelabriss im rechten Knie. Da Knorpel nur ganz schwer nachwächst, bedeutete diese Verletzung das Ende meiner Karriere. Auch diesmal fiel ich wieder in ein Loch und haderte mit Gott. Mittlerweile hatte ich doch wieder vieles in meinem Leben auf den Sport ausgerichtet. Laufen war erneut ein Stück weit Lebensinhalt für mich geworden.

Und nun das endgültige Aus! Mir blieb keine andere Wahl, als mein Leben total umzukrempeln. Warum musste das sein? Warum konnte nicht alles nach meinen Vorstellungen weiterlaufen? Warum mussten meine Pläne ständig durchkreuzt werden? Ich hatte noch keine Antworten auf meine Fragen, war mir aber dennoch klar, dass ich meinem Gott vertrauen sollte. Ich hatte verstanden, dass er es gut mit mir meint. Ich vertraute darauf, dass er mich den richtigen Weg führen würde und sollte es auch in eine andere Richtung gehen, als mir lieb war.

Und mein Leben hat sich geändert: Ich konnte mein Studium beenden und mich auf das Berufsleben vorbereiten. Doch vor allem hat der Sport dazu beigetragen, dass ich Christ wurde, und das ist mehr wert als jeder oberste Platz auf dem Siegerpodest!

Das Leben für den Sport hat auch einige positive Nachwirkungen: Ich habe gelernt, ein Ziel anzuvisieren und alles in meiner Kraft Stehende zu tun, um es zu erreichen. Und es hat mir die Augen dafür geöffnet, dass Vergebung der Sünden, Frieden mit Gott und eine Zukunft bei Ihm unendlich viel wertvoller sind als alle Goldmedaillen!

»Wie wir ankommen ist nicht wichtig, sondern dass wir ankommen – bei Gott ankommen!«

Diagnose »Leukämie«

Das Todesurteil kam am 6. Dezember 1993. Von diesem Tag an war nichts mehr so, wie es einmal war und das ganze Leben wurde gravierend verändert.

Schon eine Weile fühlte Tamara sich ständig schlapp und müde und ihr Kreislauf zeigte sich sehr labil. So ließ sie einige Blut-Tests machen.

Das Ergebnis beunruhigte ihren Hausarzt so sehr, dass für den 23. November 1993 eine Knochenmarkpunktion angesetzt wurde. Und dann kam die niederschmetternde Diagnose – Leukämie!

Bis dahin verlief das Leben Tamara Küchlers in ganz geordneten Bahnen. Am 03. Juli 1977 wurde sie in Sainscheid (Westerwald) geboren und erlebte eine recht normale Kindheit und Jugend. Sie entwickelte sich zu einem fröhlichen und lebenslustigen Menschen, hatte einen großen Bekanntenkreis und viele Freunde.

Ihre soziale Einstellung veranlasste sie, sich für ihre Mitmenschen einzusetzen und sie nahm auch kein Blatt vor den Mund wenn es darum ging, ihre

Meinung zu vertreten. Auch in der Schule lief es sehr gut – eine »2« war eher die Ausnahme.

Die Eltern waren katholisch und hatten Tamara und ihren Bruder Marc religiös erzogen. Als Kinder waren die beiden fest in der Katholischen Kirche integriert und zeigten als Messdiener – zumindest was den regelmäßigen Kirchgang betraf – ein großes Pflichtbewusstsein.

Doch dann, im Alter von 16 Jahren, wurden alle Zukunftspläne radikal durchbrochen. Der Kampf gegen den Blut-Krebs hatte begonnen.

Im Mai 1995 schrieb Tamara einen Bericht, der im Folgenden auszugsweise wiedergegeben wird:

»Im Moment sitze ich hier auf der Terrasse eines

Appartements der Residenz Pinea in Calvi – auf der Insel Korsika. Eigentlich hört sich das alles gut an: Sonne, Strand, Meer; doch in Wirklichkeit hat dieser Urlaub damit sehr wenig zu tun. Die Leute, die mich hier sehen, meinen, ich wäre ein normales, fast achtzehnjähriges Mädchen. Tatsächlich jedoch blicke ich auf ein Stück Lebenserfahrung zurück, und von dieser Erfahrung möchte ich erzählen.«

»Der Schock der Diagnose ›Leukämie‹ saß tief. Ich konnte noch nicht einmal weinen. Der behandelnde Arzt erzählte uns, dass die einzige Überlebensmöglichkeit eine Knochenmark-Transplantation wäre. Bis dahin müsse ich mir ein Medikament namens Interferon spritzen, und außerdem sei eine baldige Chemotherapie notwendig.

Wie wir an diesem Abend nach Hause kamen, weiß ich nicht. Für uns alle war eine Welt zusammengebrochen. Krebs – das hatten doch nur andere!«

An diesem Abend trafen Tamara und ihre Familie eine weitreichende Entscheidung. In ihrer Not und Verzweiflung beschlossen sie, dass nur einer ihnen helfen konnte – sie wollten den schweren bevorstehenden Weg mit Gott gehen.

»In den nächsten Tagen begannen wir, uns zu informieren. Meine Mutter wandte sich an alle möglichen Informationsstellen, um Unterlagen bezüglich der

Krankheit zu erhalten. Die Auskünfte, die wir dabei erhielten, waren zum Teil niederschmetternd. Unter anderem teilte man uns mit, dass für die Blut-Typisierungen – die nötig waren, um einen passenden Knochenmark-Spender zu finden – keine staatlichen Mittel zur Verfügung gestellt würden, sondern alles von freiwilligen Spenden finanziert werden müsse.

Für den 27.12.1993 war die erste Chemotherapie angesetzt. Gleichzeitig begann ich, Interferon zu spritzen. Nach einem dreitägigen Krankenhaus-Aufenthalt wurde ich nach Hause entlassen. Ich konnte kaum alleine gehen und hatte ausgesprochen starkes Nasenbluten.

Im Laufe des Januar erfuhren wir von einer Blut-Typisierungsaktion in Koblenz für einen ebenfalls an Leukämie erkrankten kleinen Jungen. Wir erhielten die Erlaubnis, uns ihr anzuschließen. Was nun folgte, überstieg jegliches Vorstellungsvermögen. In den Westerburger Schulen wurden Flugblätter verteilt, die auf die Typisierungsaktion in Koblenz hinwiesen. Das Gleiche passierte in den öffentlichen Dienststellen und Kirchen in der ganzen Umgebung. Die örtliche Tageszeitung berichtete in regelmäßigen Abständen. Schüler aus meiner Schule gingen durch die Dörfer und verteilten Handzettel, veranstalteten Benefizkonzerte und Pausenverkäufe. Man schrieb sogar ein Lied mit dem Titel ›Sommerblüte‹ für mich, welches von verschiedenen Radiosendern gespielt wurde.«

Sommerblüte (VISA VIS / KERAMIKA)

Eine Blume, sie stand kurz vor der Blüte,
an der Sonne hat sie sich gefreut.
Voll Erwartung was der Sommer wohl bringe,
Wintereinbruch mitten im Mai.
Dunkle Wolken verschleiern die Zukunft,
junges Leben viel zu früh bedroht –
wird den Sommer sie jemals erreichen?
Leben voller Fragen und Not.
Helft ihr leben – helft ihr blühen,
helft ihr dass sie's noch mal schafft!
Und die Wolken weiterziehen,
stellt ein Licht auf in der Nacht!
Auf dem Höhepunkt der Jugend kam der Absturz.
Kann das Leben manchmal grausam sein.
Lebensmut scheint immer mehr zu entweichen,
was bleibt sind Angst und Hilflosigkeit.
Lasst die Blume nicht vergessen und verwelken,
rettet Leben, jetzt muss jeder ran.
Helft den Sommer zu erreichen, zu erleben,
weil wirklich jeder helfen kann.
Helft ihr leben – helft ihr blühen,
helft ihr dass sie's noch mal schafft!
Und die Wolken weiterziehen,
stellt ein Licht auf in der Nacht!
Mit 16 Jahren schon der Jugend entrissen,
soll der Anfang schon das Ende sein?
Doch wenn viele Menschen jetzt für dich handeln,
fühlst du dich nicht mehr so allein.

Helft ihr leben – helft ihr blühen,
helft ihr dass sie's noch mal schafft!
Und die Wolken weiterziehen,
stellt ein Licht auf in der Nacht!

»Busse wurden kostenlos zur Verfügung gestellt. Frauen und Vereine aus Sainscheid (mein Wohnort im Westerwald) sammelten Geld für mich und an verschiedenen Stellen trafen sich Menschen, um für mich zu beten. Die Anteilnahme war wirklich überwältigend. Manche riefen sogar an, um sich zu entschuldigen, weil sie nicht nach Koblenz kommen konnten. Die Spendenaktion in Koblenz verlief besser als erwartet. Nachdem die vorgesehenen 3.000 Blutröhrchen abgenommen waren, wurden kurzfristig noch über 2.000 Röhrchen für die Typisierungen von der Deutschen Knochenmark Spenderdatei zur Verfügung gestellt.«

Zwischenzeitlich spritzte sich Tamara ihre zweite Chemotherapie (14 Tage nach der Ersten), die natürlich nicht ganz ohne Nebenwirkungen ablief. Die Familie hatte sich eigentlich vorgenommen, über die Fastnachtstage nach Lourdes in Frankreich zu fahren, um Gott Ehrerbietung zu zeigen. Doch dies in die Tat umzusetzen, gestaltete sich schwierig, denn noch am Tag zuvor konnte Tamara kaum alleine gehen. Trotzdem war zu dieser Fahrt genügend Kraft da und es gelang ihr sogar, einen den Berg hinaufführenden Kreuzweg zu gehen. Oben angekommen, wo die drei Kreuze von Golgatha nachgebildet wurden, fand sie auf dem Boden ein kleines Kreuz. Sie wusste zu dieser Zeit nur, dass dies ein christliches Symbol war – ebenso wie das Jesusbild, das sie etwas später von einem Mann geschenkt bekam.

»Die Zeit verging und auch bei meinen Verwandten wurden Typisierungen durchgeführt. Als dann am 11.03.1994 die Nachricht kam, dass meine Mutter sowie deren Schwester als Knochenmarkspender für mich in Frage kamen, löste dies nach einem ersten Freudenausbruch eine regelrechte emotionale Talfahrt bei mir aus. Ich begann, mich konkreter mit dem Tod auseinander zu setzen. Mit meinen Freundinnen kam ich kaum noch zurecht; sie schienen mir damals viel zu oberflächlich und kindisch. Wie sollten sie mich auch verstehen? Ich verstand mich ja selbst nicht mehr. In mir war nur noch Angst.

Was war, wenn es Gott nicht gäbe? Woher war ich gekommen, wohin würde ich gehen und was würde nach dem Tod sein? Ja, wofür lebte ich überhaupt? Den Sinn des Lebens zu erforschen fiel mir so schwer. Wir kauften Bücher über den Tod. Doch in all den Büchern war keine Antwort zu finden. Meine Gedanken drehten sich im Kreis. Stundenlang saß ich in meinem Zimmer, starrte vor mich hin und drehte mit den Fingern an meinen damals noch langen Haaren. Ich ließ einfach keinen mehr an mich heran. Alle

Versuche seitens meiner Familie, mich auf andere Gedanken zu bringen, scheiterten, ja, ich wehrte mich regelrecht dagegen. Meine Depressionen erreichten ihren Höhepunkt...«

In dieser Zeit, als Tamaras Verzweiflung unerträglich zu werden schien und sie in der inneren Dunkelheit zu versinken drohte, kam ihr ein Bibelvers ins Bewusstsein:

»Ich bin der Weg und die Wahrheit und das Leben; niemand kommt zum Vater denn durch mich!«

Johannes 14, 6

»Leider war niemand da, der mir sagen konnte, wo genau ich diesen Vers in der Bibel finden konnte. Doch Jesus schickte mir Inge und Rainer Wende. Diese hatte mein Vater bei der Aktion in Koblenz kennen gelernt. Rainer war Pastor, und Inge war selbst vor sechs Jahren an Leukämie erkrankt und transplantiert. Sie erklärten mir, wo jener Spruch zu finden war und was es damit auf sich hatte.

Jetzt begriff ich endlich, warum Jesus überhaupt gestorben und auferstanden war. Für mich hatte er diesen qualvollen Tod am Kreuz auf sich genommen. Ich war es, die schuld daran war, dass er diese unerträglichen Schmerzen aushalten musste, als er die Nägel zwischen die Knochen seiner Handgelenke hindurchgetrieben bekam. Ich war es, die ihm so rasende Kopfschmerzen verursachte, so furchtbaren Durst und so heftiges Fieber. Er ist dem Erstickungstod nicht entgangen, weil er mich liebte.

Er hätte ja einfach vom Kreuz heruntersteigen können. Er war schließlich der Sohn Gottes. Aber nein, für mich durchlitt er den Tod und nahm meine Strafe auf sich, damit sein Blut mich freikaufen würde vor dem Vater. Mir stand auf einmal klar vor Augen: der Sinn des Lebens war es, mich für Jesus zu entscheiden, sein Geschenk anzunehmen. Aus dieser Antwort ergaben sich auch die Antworten auf die anderen Fragen. Woher ich kam, war klar. Gott hatte mich erschaffen! Wohin ich ging? Natürlich in die Ewigkeit – entweder den Himmel oder die Hölle! Ich entschied mich für den Himmel.

Noch am gleichen Abend übergab ich Jesus die Herrschaft über mein Leben und bat ihn, mir meine Sünden zu vergeben. Ich durfte hier auf Erden schon wissen, dass ich später einmal bei Jesus sein würde. Er hatte mich ja aus Gnaden errettet.

›Denn also hat Gott die Welt geliebt, dass er seinen eingeborenen Sohn gab, damit jeder, der an ihn glaubt, nicht verloren geht, sondern ewiges Leben hat.‹

Johannes 3, 16

Jetzt konnte ich sterben. Diese Verheißung nahm die Angst vor dem Tod.

Anfang April wechselten wir zur Behandlung in die Uniklinik nach Gießen. Mein behandelnder Arzt wurde Prof. Dr. Hans Pralle. Die Blutwerte wurden bis Ende Juni durch das Interferon positiv beeinflusst. Doch am 01.07.1994 kam es zu einem Blastenschub, d.h. die Krebszellen hatten sich explosionsartig vermehrt. So musste ich für eine Chemotherapie stationär aufgenommen werden. Zu diesem Zeitpunkt wusste ich noch nicht, dass die Klinik Seltersberg in Gießen für das nächste halbe Jahr mein Zuhause werden sollte. Durch die Chemotherapie begann mein Mund wund zu werden, bis schließlich keine schützende Mundschleimhaut mehr vorhanden war und ich künstlich ernährt werden musste. In dieser Zeit hatte ich sehr starke Schmerzen. Man wartete vergeblich auf Zellbildung. Ich muss dazu sagen, dass bei einer Chemotherapie die Zellbildung auf null heruntergefahren wird, welche dann nach 14 Tagen normalerweise wieder einsetzt. Mein Zustand wurde immer kritischer, der 14. Tag war schon längst überschritten. Die lockenden Hormone taten ihre Wirkung nicht. Fieber stellte sich ein, und meinen Eltern wurde gesagt, ich würde das Wochenende nicht überleben. So riefen meine Eltern Rainer und Inge Wende um geistliche Hilfe.

Während dieser Zeit war ich, bedingt durch das hohe

Fieber und das verabreichte Morphium, nicht bei vollem Bewusstsein. Rainer betete mit mir und Jesus schenkte mir soviel Kraft, dass ich bewusst mitbeten konnte, obwohl ich vor und nach dem Gebet nicht ansprechbar war. Nun, wie Prof. Dr. Pralle später sagte: ›Mit Wendes kam die Wende!‹

Am folgenden Tag, 27 Tage nach Chemotherapie-Beginn, hatte ich Zellbildung. Das Fieber wich, der Mund heilte langsam ab, und ich wurde zunehmend kräftiger. Nun wurde die Suche nach einem Transplantations-Platz konkret. Nach längerer Anfrage stellte sich Nimwegen in Holland als Transplantations-Zentrum zur Verfügung. Bei diesem nervenzehrenden Warten und dem möglicherweise bevorstehenden Tod bewahrte mir Jesus den Frieden, den er mir schon im Juli geschenkt hatte.

Nach einer erneuten Knochenmarkpunktion stellte sich heraus, dass ich 84% Krebszellen im Knochenmark hatte. So war eine Transplantation unmöglich. Als Dr. Schattenberg, der Leiter des holländischen Transplantations-Zentrums, uns diese Nachricht abends telefonisch mitteilte, half uns nur noch das Beten, um mit der neuen Situation fertig zu werden.«

Aber auch diese Enttäuschung brachte Tamaras Glauben nicht ins Wanken. Sie und ihre Familie vertrauten darauf, dass »denen die Gott lieben, alle Dinge zum Besten dienen« (Römer 8,28) und dass Gott rechtzeitige Hilfe schicken würde.

Eine weitere Chemotherapie in der Klinik in Gießen wurde eingeleitet. Durch ein Medikament, welches Tamara verabreicht wurde, traten Kopfschmerzen auf, die so stark waren, dass ihre Eltern weder flüstern noch die Seite eines Buches umblättern konnten, ohne dass es Tamara entsetzlich weh tat.

Doch immer, wenn sie beteten oder sich über Gott unterhielten, wurden die Schmerzen so erträglich, dass es Tamara möglich war, zuzuhören, ja sich sogar am Gespräch zu beteiligen.

Als dieses Medikament abgesetzt wurde, war sie innerhalb der nächsten 24 Stunden topfit. Das brachte sogar ihren Opa Erwin, der sein ganzes Leben Atheist gewesen war, zum Nachdenken. Einige Monate später vertraute er dem Herrn Jesus sein Leben an.

Doch dann hieß es wieder in Nimwegen anzuklopfen, um zu sagen, dass Tamara ein zweites Mal für die Transplantation vorbereitet war. Obwohl Dr. Schattenberg ihr nur sehr geringe Überlebenschancen einräumte, stellte er doch ein Bett zur Verfügung. In dem Bewusstsein, dass ihr Leben in Gottes Händen lag, wurde Tamara am 16.11.1994 auf die Transplantations-Station aufgenommen.

Das Bild zeigt Tamara am 15.11.1994, einen Tag vor der stationären Aufnahme zur Knochenmark-Transplantation in Nimwegen/ Holland

»Die Radiotherapeuten waren sehr zufrieden mit mir, da ich durchgehend sieben Stunden vermessen werden konnte – als Vorbereitung auf die Strahlentherapie.

Dafür waren eigentlich zwei Tage eingeplant. Bei meinem damaligen Zustand war das ein großes Geschenk. Weiter bewahrte mich Jesus bei der Bestrahlung davor, dass ich währenddessen erbrechen musste, oder mir der Mund wund wurde, denn auch hier war eine Chemo verabreicht worden.

Wir beteten um eine zeitige Zellbildung. Ich selbst betete darum, dass die ersten Zellen am 3. Advent

kommen sollten, d.h. drei Tage früher als normal. Wie mir später berichtet wurde, hatte auch Rainers Mutter genau darum gebetet.

Am 3. Advent wurde uns mitgeteilt, dass Zellbildung eingesetzt hatte. Von da an hatte ich eine ungewöhnlich schnelle Zellbildung. Doch das war noch nicht alles:

Die Transplantation verlief ohne große Abstoßung. Meine Haut war durch die Bestrahlung nicht so sehr verbrannt wie die von vielen anderen, worum ich auch bat. Gott erhörte meine Gebete. Hinzu kam, dass Opa Erwin im Sterben lag. Erklärend hierzu muss ich einflechten, dass ich auch diesmal das gleiche Medikament, welches schon in Gießen für die starken Kopfschmerzen verantwortlich war, einnehmen musste. Um festzustellen, ob die Schmerzen auch tatsächlich von diesem Mittel kamen, wurde es um 18.00 Uhr kurzzeitig abgesetzt. Mein Vater erzählte mir nun, wie es um meinen Großvater stand. Um 20.00 Uhr konnte ich sitzen. Jesus schenkte mir die Kraft dazu und nahm mir für einige Zeit die Schmerzen, damit ich mit dieser Nachricht fertig werden konnte. Noch eine Stunde vorher konnte ich vor Schmerzen nicht einmal den Kopf heben. Medizinisch gesehen konnte das Absetzen des Mittels die Schmerzen in so kurzer Zeit nicht genommen haben, da sich durch die längere Einnahmezeit ein gewisser Spiegel im Blut bildet, der nur langsam abfällt.

Als ich am 22.12.1994 entlassen wurde, verabschiedete Dr. Schattenberg uns mit den Worten:

›Ich kann es nicht anders erklären, für uns ist es ein Wunder!‹

Die holländischen Ärzte hatten stark vermutet, dass ich überhaupt nicht bis zur Transplantation käme, sondern schon an den Vorbehandlungen sterben würde, da ich ja schon zuvor sehr hart therapiert werden musste.

So erfüllte sich, womit keiner gerechnet hätte. Ich durfte Weihnachten zu Hause im Kreise meiner Familie verbringen.«

Doch leider ging es Tamara von da an zunehmend schlechter. Sie war in ihren Tätigkeiten sehr eingeschränkt und hatte starke Schmerzen. Am 04. Februar 1995 kam ihr Cousin Oliver im Alter von 22 Jahren bei einem Verkehrsunfall ums Leben. Zwei Wochen später, am 28. Februar 1995, wurde ihr Opa Erwin mit 67 Jahren in die Ewigkeit abberufen. Aber auch für ihre Gesundheit sollte der Februar noch einmal sehr einschneidend sein. Es bestand der Verdacht auf einen Rückfall, der sich aber glücklicherweise nicht bestätigte. Einige Tage später bekam Tamara jedoch eine so starke Blutvergiftung, dass sie wieder in akuter Lebensgefahr war. Ein befreundeter Arzt sagte später dazu:

»Hier hat Jesus seine Hand ganz weit ausgestreckt, um Tami am Leben zu erhalten!«

»Aber nicht nur dort war Jesus mir ganz nah, er half mir in vielen kleinen aber auch großen Dingen. Er ermöglichte es meinem Vater, zusammen mit meiner Mutter, ein halbes Jahr lang bei mir im Krankenhaus zu verbringen. Er bewahrte meine Familie vor jeglichen größeren Infektionen in der ganzen Zeit, in der ich abwehrgeschwächt war. Ohne dass ich Wendes kennen gelernt hätte, wäre ich wohl kaum zum Glauben gekommen; sie erwiesen sich auch als große Hilfe für die ganze Familie, da Inge und Rainer aus eigener Erfahrung auch ganz praktisch helfen konnten. Außer mir kam auch meine Familie zum Glauben und vertraute ganz bewusst ihr Leben unserem Herrn Jesus an. Abschließend kann ich die Zusage Gottes in dem Propheten Jesaja 40, 11 nur bestätigen: ›Er sorgt für sein Volk wie ein guter Hirte. Die Lämmer nimmt er auf den Arm und hüllt sie schützend in seinen Umhang. Die Mutterschafe führt er behutsam ihren Weg.‹

Aus eigener Erfahrung kann ich sagen, dass mich Jesus wirklich – auch in den allerschwierigsten Zeiten – getragen und mir ein Gefühl der Geborgenheit gegeben hat und ich die ganz sichere Gewissheit habe, dass sein Wort wahr ist.«

Tamara Küchler

Nach dem Urlaub auf Korsika ging Tamara für drei Wochen auf ihre alte Schule. Doch sie schaffte es nicht. Sie war noch zu schwach und wurde wieder aus der Schule herausgenommen. Prof. Pralle war der Meinung, dass sie eine Privatschule besuchen sollte. Im Herbst 1995 ging es Tamara wieder schlechter. Es wurden immer wieder Blutuntersuchungen durchgeführt. Nach einiger Zeit bekam Tamara jedoch wieder so starke Knochenschmerzen wie bei ihrem ersten Blastenschub im Juli 1994.

Im November 1995 entdeckte Prof. Pralle bei einer Blutuntersuchung erneut »blaue Zellen« (Krebszellen). Tamara musste am nächsten Tag sofort in die Klinik nach Gießen. Sie rief alle ihre Bekannten an und teilte ihnen mit, dass sie einen Rückschlag hatte. Doch es war nicht Tamara, die getröstet werden musste, sondern Tamara tröstete die Menschen, denen sie diese Nachricht mitteilte. Eine erneute Chemotherapie stand bevor. Tamaras Worte zu ihren Eltern waren damals: »Ich mache diese Chemo nicht für mich, sondern nur für Euch.«

Die Therapie schlug nur kurz an, konnte jedoch nicht alle Krebszellen abtöten. Prof. Pralle schlug eine weitere härtere Behandlung vor. Sie war aus menschlicher Sicht die allerletzte Möglichkeit, die Krebszellen zu besiegen.

Durch diese Chemo brach bei Tamara die Haut auf

und sie bekam hohes Fieber. Die Behandlung musste nach eineinhalb Wochen abgebrochen werden, da sie sonst an den Nebenwirkungen gestorben wäre.

Vor Weihnachten 1995 kam Tamara nach Hause. Sie erholte sich schnell von den Folgen der Chemotherapie und konnte sogar wieder laufen. In dieser Zeit wurde sie regelmäßig von ihrer Freundin Pamela besucht. Da jedoch das Immunsystem von Tamara sehr geschwächt war, konnten die beiden keinen direkten Kontakt miteinander haben. So kam Pamela bei Regen oder Schnee, stellte sich vor das Küchenfenster und sie unterhielten sich durch die geschlossene Scheibe miteinander.

Am 02. Januar 1996 musste Tamara wieder zurück in die Klinik nach Gießen. Dr. Mansdorf teilte den Eltern mit, dass es keine Hoffnung mehr gab. Prof. Pralle hatte nicht den Mut dazu, es Tamara selbst zu sagen. Er war ein guter Arzt, aber hier war er auch nur ein Mensch – er brachte es einfach nicht übers Herz. Die Behandlungen wurden komplett beendet. Tamara bekam nur noch schmerzlindernde Medikamente. Mittlerweile hatte sich zusätzlich eine Hirnhautentzündung eingestellt. Prof. Pralle ging zu ihr ans Bett und streichelte ihr über den Kopf. Das war seine Art, von Tamara Abschied zu nehmen. Ihren Eltern gegenüber bekannte er: »Es gibt keine Hoffnung mehr.« Am 12. Januar 1996 starb Tamara.

Am Tag von Tamaras Beerdigung kamen viele, um ein letztes Mal ihre Liebe und Verbundenheit zu Tamara und ihrer Familie zum Ausdruck zu bringen. Noch einmal wurde deutlich, wie vielen Menschen sie durch ihre liebevolle, fröhliche Art ans Herz gewachsen war.

Als Grabstein wollte Tamara ein Kreuz mit dem Bibelvers aus dem Johannes-Evangelium, der ihr sehr wichtig geworden war:

»Ich bin der Weg und die Wahrheit und das Leben; niemand kommt zum Vater denn durch mich!«

Johannes 14,6

»Großer Gott, wir loben dich; Herr, wir preisen deine Stärke ...«, sangen die Menschen in der Kirche von Sainscheid. Es war Tamaras Wunsch, dass dieses Lied gesungen wurde. Sie hatte ihre Beerdigung bis in alle Einzelheiten geplant. Es sollte ein Tag zur Ehre Gottes werden. Noch einmal sollten ihre Familie, Freunde und Bekannte erfahren, aus welcher Quelle sie die Kraft während ihrer schweren Krankheit erhielt.

An dem Tag, an dem sie Jesus Christus in ihr Leben aufnahm, sagte sie zu ihren Eltern: »Jetzt kann ich sterben, weil ich weiß, dass ich zu Gott komme.« Dieser Tag hat ihr Leben total verändert. Sie hat nie mehr mit Gott gehadert. Tamara wurde ihrem Umfeld zum Trost und zum Segen, da sie nun eine bewusste, lebendige Beziehung zu Jesus Christus hatte. Das machte ihr Mut, durch den sie auch andere ermutigen konnte. Tamara hatte von diesem Tag an auch keine Angst mehr vor dem Tod.

»Hallo Oma Hedwig, *09.10.1994*

na wie geht´s? Mir geht´s jedenfalls sehr gut. Papa und Mama haben mir von Deinem Glaubenskonflikt erzählt. Ich möchte Dir sagen, dass Deine Warum-Fragen völlig unnötig sind, denn alles, was Gott macht, ist gut. Auch wenn wir seine Wege nicht verstehen können, bin ich getrost, dass er alles so tut, dass es zu meinem und unserem Besten ist.

›Denn welchen der Herr lieb hat, den züchtigt er, und er straft einen jeglichen Sohn, den er aufnimmt. Gott erzieht euch, wenn ihr leiden müsst! Als seinen Kindern begegnet euch Gott; denn wo ist ein Sohn, den der Vater nicht züchtigt? Seid ihr aber ohne Züchtigung welche sie alle erfahren haben, so seid ihr Ausgestoßene und nicht Kinder Gottes.‹ (Hebräer 12,6-8)

Und er hat uns doch gezüchtigt. Papa, Mama und ich sind zum Glauben gekommen. Marc und Oma Hildegard haben doch auch schon große Fortschritte gemacht. Ist das nicht das schönste Geschenk, das Gott uns machen konnte? Ich meine, wir sind auf den richtigen Weg gekommen und konnten Gottes Nähe wirklich erfahren.

Jesus hat gesagt: ›Ich lasse dich nicht fallen und verlasse dich nicht. Seid gewiss, ich bin bei euch alle Tage bis ans Ende der Welt!‹ (Matthäus 28, 20)

Das hat er versprochen, und sei gewiss, das hält er auch. Das habe ich erfahren in unzähligen Dingen. Sieh mal, ich bin hier bei Professor Pralle, dem Besten in seinem Gebiet hier in Deutschland, einem Mann, der sich total für seine Patienten einsetzt und auch fest an Gott glaubt. Alle Entscheidungen, die er trifft, sind aus Gottes Hand. Darum haben wir ja gebetet. Das Personal hier ist auch ganz lieb, und in Holland ist es genauso. Außerdem hat er es so geschehen lassen, dass ich in einen Raum komme und nicht in ein Zelt. So könnte ich Dir noch ganz viele tolle Sachen erzählen, die der Herr Jesus gemacht hat. Bei der letzten Chemotherapie ist mir doch auch der Mund nicht so aufgegangen. So hat er mich vor sehr, sehr starken Schmerzen bewahrt. Außerdem habe ich Frieden gefunden, die schönste Erfahrung, die ich mir vorstellen kann. Weißt Du, alles, was er tut, tut er aus Liebe:

›Denn so sehr hat Gott die Welt geliebt, dass er seinen eingeborenen Sohn hingab, damit jeder, der an ihn glaubt, nicht verloren gehe, sondern ewiges Leben habe.‹ (Johannes 3,16)

Außerdem steht in 2. Korinther 12, 9-10, dass Gott am meisten durch einen Menschen wirken kann, wenn er schwach ist. Klar, wenn ich kaum Kraft habe, kann Gottes Kraft in mir ganz groß werden. Also hier der Bibelspruch:

›Und er hat zu mir gesagt: Lass dir an meiner Gnade genügen; denn meine Kraft ist in den Schwachen mächtig. Darum will ich mich am allerliebsten rühmen meiner Schwachheit, auf dass die Kraft Christi bei mir wohne. Darum bin ich guten Mutes in Schwachheit, in Misshandlungen, in Nöten, in Verfolgungen, in Ängsten um Christi Willen; denn wenn ich schwach bin, so bin ich stark.‹ (2. Korinther 12, 9+10)

Oma, und glaube mir, genau das, was in dem Spruch steht, glaube ich auch, und ich bin Gott dankbar für alle seine Wege, egal wie schwer sie auch sein mögen. Denn sie sind nur gut. Oma, und dieser Vater ist auch mein Vater und er tut nur Gutes. Oder würde ein Vater seinen Kindern etwas Schlechtes tun? Niemals.

So, ich mach mal langsam Schluss, ich muss nämlich jetzt essen. Ich hoffe, dieser Brief kann Dir etwas helfen. Darum bete ich und auch darum, dass Du den Trost durch Jesus erfährst, wie ich ihn erfahren habe.

Tschüs, Tami«

EIN LEBEN MIT GOTT

Haben Sie jemals darüber nachgedacht, dass Gott eine Beziehung mit Ihnen haben möchte? Als Gott den Menschen schuf, war sein Ziel klar: Er wollte Gemeinschaft mit seinem Geschöpf erleben. Gott – der die Liebe ist – schuf ein Gegenüber, dem er diese Liebe zeigen konnte. Und zu Beginn unserer Menschheitsgeschichte lebten die ersten Menschen für einige Zeit im wahrsten Sinne des Wortes »sinnvoll« – sie erlebten tagtäglich diese beglückende Gemeinschaft mit Gott. Ihr Leben hatte einen Sinn. Sie erlebten, wozu sie geschaffen waren: Gemeinschaft miteinander und mit ihrem Schöpfer.

KEIN LEBEN MIT GOTT

Doch Liebe und Gemeinschaft haben eine wichtige Voraussetzung: Freiwilligkeit. Stellen Sie sich einmal vor, wie meine Ehe wohl aussähe, hätte ich meine Frau entführt, gefesselt, vor den Traualtar geschleppt und während unseres gemeinsamen Lebens im Haus als Gefangene gehalten? Liebe, so hat einmal jemand knapp formuliert, ist der Wille zur Gemeinschaft. Die freie Wahl meiner Ehefrau, ihr Leben mit mir zu teilen, stellt das Fundament unserer Beziehung dar. Nicht Zwang – sondern Freiwilligkeit.

Dies war wohl der Grund, warum Gott dem Menschen damals im Garten Eden die Freiheit der eigenen Wahl ließ. Er schuf sich ein Gegenüber mit eigenem, freiem Willen – nicht eine Marionette, die beliebig tanzt, sobald an ihren Fäden gezogen wird. Und diese Freiwilligkeit beinhaltet die Möglichkeit zum Ungehorsam. Der Genuss der verbotenen Frucht war der Weg heraus aus dieser Gemeinschaft. Als Konsequenz daraus war das Leben in Gemeinschaft mit Gott zerstört.

Es ist sicherlich die tragischste Geschichte der Menschheit, dass Adam und Eva den Weg ohne Gott wählten. Mit ihnen verlor die ganze menschliche Rasse ihre ureigenste Sinnbestimmung – ein Leben mit Gott.

Wie eine unüberbrückbare Mauer schob sich die Schuld der Menschen zwischen Geschöpf und Schöpfer. Sinnvolles Leben war unmöglich geworden. Bis heute versuchen Menschen vergeblich das zu ändern. Reichtum, Sicherheit und Anerkennung, Macht, Erfolg und die Befriedigung aller Wünsche werden so zum selbsterwählten »Ersatz-Sinn« des Lebens. Doch schlussendlich bleibt jedes Leben ohne Gott leer und verfehlt.

So machte sich die Menschheit auf die Suche nach Gott. Unzählige Religionen legen Zeugnis von dem Versuch ab, sich einen Weg zurück in die Gemeinschaft mit Gott zu bahnen. Doch ohne Erfolg – jeder Versuch des Menschen, zu Gott zurückzukehren, scheiterte. Die Kluft zwischen dem Schöpfer und seinen Geschöpfen ist für uns aus eigener Anstrengung unüberwindbar.

NEUE KONTAKTAUFNAHME

Aber Gottes Plan bleibt bestehen. Sie und ich sollen mit ihm leben. Daher liegt ihm viel daran, diesen Zustand wiederherzustellen. Noch im Garten Eden sucht Gott erneut den Menschen: »Adam, wo bist du?«. Er geht der rebellierenden Menschheit nach. Er wendet sich nicht ab. Er zeigt seine große Liebe. Immer wieder offenbart er sich den Menschen. Ja, mehr noch: In Jesus Christus wird er selbst Mensch. Das Wunder von Weihnachten geschieht, Gott wird Mensch und lebt unter uns, um einen Weg zurück zur Gemeinschaft mit ihm zu schaffen.

Doch unsere Schuld trennt uns von Gott. Gottes Plan sieht dazu das größtmögliche Opfer vor. Sein eigener Sohn stirbt stellvertretend für die Schuld der Menschheit:

»Gott aber erweist seine Liebe zu uns darin, dass Christus für uns gestorben ist, als wir noch Sünder waren.«

Römer 5,8

Während wir geboren werden, um zu leben, kam Christus in diese Welt, um zu sterben – für Sie und für mich. Er, der Gottes Anspruch völlig genügte, hätte nicht sterben müssen. Indem er es freiwillig tat, starb er stellvertretend für uns.

»Fürwahr, er trug unsre Krankheit und lud auf sich unsre Schmerzen. Wir aber hielten ihn für den, der geplagt und von Gott geschlagen und gemartert wäre. Aber er ist um unsrer Missetat willen verwundet und um unsrer Sünde willen zerschlagen. Die Strafe liegt auf ihm, auf dass wir Frieden hätten, und durch seine Wunden sind wir geheilt.«

Jesaja 53,4-5

Gott selbst hat einen Weg geschaffen – der einzige Weg, der Menschen wie Sie und mich zurück zur Gemeinschaft mit ihm führt.

»Jesus spricht: Ich bin der Weg und die Wahrheit und das Leben; niemand kommt zum Vater denn durch mich.«

Johannes 14,6

»Und in keinem andern ist das Heil, auch ist kein andrer Name unter dem Himmel den Menschen gegeben, durch den wir sollen selig werden.«

Apostelgeschichte 4,12

Das ist die frohe Botschaft Gottes für Sie: Es gibt einen Weg zurück zu einem sinnerfüllten Leben, zu einem Leben in Gemeinschaft mit Gott.

Seine Vergebung unserer Schuld ist ein Geschenk, das er kostenlos anbietet.

»Denn aus Gnade seid ihr selig geworden durch Glauben, und das nicht aus euch: Gottes Gabe ist es, nicht aus Werken, damit sich nicht jemand rühme.«

Epheser 2,8-9

Gottes Liebe ist bedingungslos. Jeder Versuch, dieses freie Angebot Gottes irgendwie bezahlen zu wollen, kommt letztendlich einer Beleidigung des Gebers gleich. Es bleibt nur eines: das Geschenk der Sündenvergebung dankbar anzunehmen und ein Leben mit Gott zu beginnen.

»Wie viele ihn aber aufnahmen, denen gab er Macht, Gottes Kinder zu werden, denen, die an seinen Namen glauben.«

Johannes 1,12

ERSTE SCHRITTE

Ein aufrichtiges Bekenntnis der eigenen Schuld und Verlorenheit ist der Anfang eines Lebens mit

Gott! Ein Mensch, der ehrlich nach der Gemeinschaft mit Gott sucht, wird nicht abgewiesen:

»Siehe, ich stehe vor der Tür und klopfe an. Wenn jemand meine Stimme hören wird und die Tür auftut, zu dem werde ich hineingehen ...«

Offenbarung 3,20

»Denn also hat Gott die Welt geliebt, dass er seinen eingeborenen Sohn gab, damit alle, die an ihn glauben, nicht verloren werden, sondern das ewige Leben haben.«

Johannes 3,16

AUSBLICK

Es gibt einen Unterschied zwischen der flüchtigen Begegnung mit einem Menschen und einer fortdauernden, wachsenden Beziehung. Während die Begegnung flüchtig bleibt, prägt eine Beziehung den Alltag. Eine gesunde Beziehung wird stets tiefer und belastbarer. Das gilt auch für die Beziehung zu Gott.

Jede Beziehung lebt von Kommunikation. Frisch verliebte Menschen bieten ein gutes Beispiel für eine wachsende Beziehung: Ständig verbringen sie Zeit miteinander und es herrscht kein Mangel an Gesprächsstoff.

Reden Sie daher mit Gott wie ein Kind mit seinem Vater spricht – ehrlich und ungekünstelt aber doch respektvoll.

Und Gott wird reagieren, denn Gott antwortet auf Gebet.

Manchmal müssen wir länger auf Gottes Antwort warten – dann ist Geduld gefragt, und manchmal tut Gott nicht das, worum wir ihn gebeten haben. Er ist kein Automat zur Erfüllung unserer Wünsche. Gott liebt uns und wird uns nichts geben, was für uns oder andere (noch) nicht gut wäre. In solchen Fällen ist Vertrauen wichtig. Gott meint es gut mit uns!

Hören Sie auf Gott! Beziehungen leben vom Gespräch. Und Gott möchte mit Ihnen reden. Er benutzt dazu vor allem die Bibel. Machen Sie die tägliche Bibellese zu einer festen Gewohnheit in Ihrem Leben. Es geht nicht darum, wie viel Sie lesen oder wie lange Ihre persönliche Zeit mit Gott ist. Wichtig ist die Auseinandersetzung mit Gottes Botschaft an uns Menschen.

»Denn alle Schrift, von Gott eingegeben, ist nütze zur Lehre, zur Zurechtweisung, zur Besserung, zur Erziehung in der Gerechtigkeit, dass der Mensch Gottes vollkommen sei, zu allem guten Werk geschickt.«

2.Timotheus 3,16-17

Mit Gott zu reden, auf sein Wort zu hören und es im Alltag praktisch werden zu lassen, geschieht leichter in der Gemeinschaft mit anderen Menschen, die das gleiche Ziel verfolgen. Es wird Zeiten geben, in denen Ihr neu gefundenes Leben mit Gott Schwierigkeiten und Zweifeln ausgesetzt sein wird. Besonders dann ist es hilfreich, sich mit Gleichgesinnten austauschen und voneinander lernen zu können. Darum: Suchen Sie Menschen, die aktiv ein Leben mit Gott führen und für die Gottes Wort verbindlicher Maßstab in allen Fragen ist.

Ein letzter Tipp für Ihr Leben mit Gott: Sagen Sie es weiter. Machen Sie es wie Jupp, Johannes, Edgar und Tamara in diesem Buch: Berichten Sie ihrer Familie, Nachbarn und Freunden was Gott für Sie getan hat und was Sie mit Gott erleben. Und dann beten Sie für die Menschen um Sie herum: Dass auch sie das finden, was Sie bereits gefunden haben – ein Leben mit Gott.

Kontaktadressen:

Manfred Braun
Gerbergasse 16
63667 Nidda
Tel. 06043/6538